______________ 님의 소중한 미래를 위해
이 책을 드립니다.

팀장이라면
어떻게 일해야 하는가

팀장이라면
어떻게 일해야 하는가

경영멘토
김경준의
살아 있는 팀장학

김경준(딜로이트 컨설팅 대표이사) 지음

원앤원북스

원앤원북스 우리는 책이 독자를 위한 것임을 잊지 않는다.
우리는 독자의 꿈을 사랑하고,
그 꿈이 실현될 수 있는 도구를 세상에 내놓는다.

팀장이라면 어떻게 일해야 하는가

초판 1쇄 발행 2015년 1월 28일 | **지은이** 김경준
펴낸곳 ㈜원앤원콘텐츠그룹 | **펴낸이** 강현규 · 박종명 · 정영훈
책임편집 채지혜 | **편집** 봉선미 · 김나윤 · 이예은 · 최윤정
디자인 윤지예 · 임혜영 · 홍경숙 | **마케팅** 박성수 · 서은지 · 김서영
등록번호 제301-2006-001호 | **등록일자** 2013년 5월 24일
주소 100-826 서울시 중구 다산로16길 25, 3층(신당동, 한흥빌딩) | **전화** (02)2234-7117
팩스 (02)2234-1086 | **홈페이지** www.1n1books.com | **이메일** khg0109@1n1books.com
값 14,000원 | **ISBN** 978-89-6060-397-4 04320 | **ISBN** 978-89-6060-402-5 04320 (SET)

원앤원북스는 ㈜원앤원콘텐츠그룹의 경제 · 경영 · 자기계발 브랜드입니다.
이 책은 『인정받는 팀장은 분명 따로 있다』의 완전개정판입니다.
잘못 만들어진 책은 구입하신 서점에서 교환해 드립니다.

이 도서의 국립중앙도서관 출판시도서목록(CIP)은 e-CIP홈페이지(http://www.nl.go.kr/ecip)에서 이용하실 수 있습니다.(CIP제어번호 : CIP2014038292)

다음 세기에는,
다른 이들에게 권한을 위임하는 사람들이
리더가 될 것이다.

• 빌 게이츠(마이크로소프트 창업자) •

차례

1장

팀과 팀장의 존재의미를 제대로 알자

2장

팀 역량을 극대화하는 팀장이 되어라

3장

팀원들을 효과적으로 다루는 팀장이 되어라

5장

위로부터도 인정받는 팀장이 되어라

지은이의 말

팀장이 됨으로써 비로소 리더십의 주체자가 된다

어떤 회사에나 팀장은 많다. 그러나 수많은 팀장들의 명함에 박힌 직함은 같을지라도 이들의 역할과 평가는 모두 다르다. 실적은 좋지만 리더십이 부족한 팀장, 실적은 나쁘지만 부하 직원들이 좋아하는 팀장, 아이디어는 많은데 추진력이 부족한 팀장 등 역할과 입장에 따른 차이는 개개인의 얼굴 생김생김만큼 다양할 것이다.

당사자인 팀장들이야 모든 면에서 앞서가고 인정받고 싶어 하겠지만, 세상 모든 일이 그러하듯 이 또한 쉬운 일이 아니다. 더욱이 뛰어난 직원이 실제로 인정받는 팀장이 되는 것도 아니기에 팀장이 된다는 것은 직급이 하나 올라간다는 것을 넘어서는 근본적인 역할의 변화가 있음을 알 수 있다.

팀장이 된다는 것은 그간의 노력과 성과를 조직에서 인정받았다는 징표다. 조직 내 역할이라는 관점에서는, 매사 지시를 받으면서 말단 기능만을 담당하다가 이제는 일정 영역을 책임지고 이끌어 가야 하는 입장이 되었음을 의미한다.

개인적인 입장에서 의미 있는 성취를 이룬 기쁨은 크지만, 팀장으로서의 자신의 역할에 대한 기대와 두려움이 교차하면서 나름대로 열심히 하겠다는 의지를 다질 것이다. 그러나 결과는 모두에게 만족스럽게 나타나지는 않는다. 열심히 하겠다는 의지와 팀장이 요구하는 역할을 잘 수행하는 것은 다른 문제이기 때문이다.

특히 팀장이란 한 명이든 두 명이든 팀원들을 이끌고 가야 하는 역할인데, 사람이 사람을 다룬다는 것은 가장 쉽고도 어려운 일이다.

다시 말해 팀장이 되기 전의 조직생활을 통해 팀장으로서의 역할모델에 대해 진지하게 관찰하고 생각해본 기회가 없었다면 초기 시행착오는 불가피하고, 이는 팀장으로서의 역할 실패로 이어지기 쉽다. 그리고 팀장으로서의 역할 실패는 조직에서 관리자로 올라설 수 있는 기회가 멀어짐을 의미한다.

조직운영이란 측면에서도 팀장들은 절대적으로 중요한 사람들이다. 조직 내 의사결정의 출발점이고, 현재의 조직을 실질적으로 이끌어가면서 미래의 관리자와 경영진 풀Pool을 이루기 때문이다. 팀장급 인력이 부실한 회사는 현재도 문제지만 미래는 더욱 암울하기에 경영진은 앞서나가는 역량 있는 팀장을 구별하고 키워내는 것에 큰 관심을 기울인다.

운동경기에 비유하자면 신입사원 입사는 아마추어 스포츠 입문이고, 팀장 승진은 프로리그 데뷔전이라고 할 수 있다. 아마추어의 고뇌와 프로선수의 고뇌는 질적으로 다르다. 아마추어는 '이 운동을 계속 할 것인가, 지금 그만 둘 것인가, 이 운동이 내 인생에서 얼마나 중요한가'와 같은 고민을 할 수 있다. 그러나 프로선수라면 이런 고민에 빠져 있을 수는 없다. 프로라면 '자신이 선택한 운동에서 어떻게 하면 성공할 수 있느냐'만 관심사일 뿐이다. 프로에게 아마추어적인 응석과 투정은 용납되지도 않지만 자신만 바보로 만들 뿐이다.

직원시절에는 직장생활에 대한 회의, 다른 업종에 대한 부러움, 자신이 선택하지 않은 길에 대한 동경이 용납된다. 인생에서 아직 선택할 시간이 많이 남아있기 때문이다. 그러나 중견간부인 팀장이 되었다는 것은 이런 응석과 투정을 뒤로하고, 조직사회에서 진정한 프로페셔널로서의 경력이 시작된다는 것을 의미한다. 그리고 이제 리더십의 대상자에서 리더십의 주체자로서의 역할이 시작되었음을 뜻한다.

이 책에서 나는 실제로 조직생활을 거치면서 얻은 경험과 시각을 솔직하고 허심탄회하게 한 번 이야기해보고 싶었다. 작금에 팀장과 같은 중간간부가 갖추어야 할 리더십과 덕목에 대해서 좋은 이야기들도 많지만, 현실과 상당히 동떨어진 고담준론도 적지 않다.

분명한 것은 리더십이란 이론이 아니라 현실경험을 통해서 얻어지는 실체이고, 기업조직이란 '생존'이라는 목적지를 향해 시장이라는 도로 위를 '이익'이라는 연료를 태우면서 달리는 자동차와 같다는 점이다. 도로 위를 달리는 자동차는 많고, 조금이라도 뒤쳐지면 이익이라는 연료가 바닥나기에 자동차는 멈추는 것이 현실이다.

이 같은 냉정한 현실을 분명히 이해하고 정확하게 대처하는 것이 개인이나 조직이 성공할 수 있는 가장 중요한 출발점이다.

냉정한 현실을 따뜻하게만 바라본다고 세상이 따뜻하게 바뀌는 것이 아니다. 냉정한 현실을 있는 그대로 이해하되, 따뜻한 마음으로 바라보고 살아가는 것이 세상을 좀더 합리적으로 만들고 개인이 성취를 이룰 수 있는 길이라고 본다.

이런 점에서 팀장이 되었다면, 세상을 인식하고 조직과 인간을 이해하는 수준을 한 단계 높여서 바라보고 살아갈 시점이 되었다고 생각한다.

세상이나 조직에서의 성공이 100% 개인의 역량에만 좌우되지는 않는다. 인간의 삶이 본질적으로 그러하듯 자신의 능력과 역량으로는 설명할 수 없는 변수가 있기 때문이다.

그러나 자신의 역량에 기초한 성취만큼 한 인간의 삶을 자부심으로 가득 채우는 것은 없다고 생각한다. 세상에 성공한 사람은 많이 있지만 막연한 행운이나 타인에 의존한 성공만큼 사람을 비굴하게 만들고 타락시키는 것은 없는 듯하다.

팀장이 되어 프로리그에 동참했다면 진정한 프로페셔널로서 자신의 역량에 기초한 성공의 길을 걷기 시작했다고 생각한다. 이 길은 누구에게나 열려있지만, 아무에게나 열려있지는 않다. 그 길을 여는 열쇠는 자신의 역량과 노력이다.

고대 로마시대의 역사가 타키투스는 다음과 같이 말했다.

"인간세계에서는 자기 실력에 기초를 두지 않는 권세나 명성만큼 못 믿을 것도 없다."

김경준

1장

팀과 팀장의 존재의미를 제대로 알자

1
팀은 그 어떤 조직보다도 목표 지향적이어야 한다

팀의 목표는 회사의 이익창출에 기여하는 것이어야 한다.
팀의 성격에 따라 기여하는 경로만 조금씩 다를 뿐이다.

평생을 승부의 세계에서 선수와 감독으로 살아오면서 '야신野神, 야구의 신'이라는 별명까지 얻은 한화 김성근 감독의 승부관은 분명하다.

"일을 하면 반드시 결과가 나와야 한다. 승부는 이기기 위해서 하는 거다. 지려고 하는 게 아니다. 지면 그 손해는 선수에게 간다. 조직에 플러스가 되면 나에게 마이너스가 되더라도 나는 그렇게 한다."

"팀은 이겨야 한다. 이 혜택은 명예로 돌아온다. 이 절실함을 가졌느냐가 중요하다. 나는 세상 사람들에게 어마어마하게 비난받고 살아온 사람이다. 하지만 이 비난이 무섭지 않다. 제일 중요한 건 신뢰다. 조직은 결과를 줘야 한다."

모든 회사에는 매출액 · 순이익 · 현금흐름 · 시장점유율 · 고객침투율 등 분명한 목표가 있다. 그리고 이 목표를 달성하기 위해 사업부에 목표를 할당하고, 사업부는 다시 팀 단위로 할당한다. 이 팀들의 성과가 쌓여 사업부나 회사 전체의 실적으로 연결되는 것이다.

팀마다 역할이 다르기에 부여하는 목표 역시 다르다. 전쟁에서는 상대방보다 작전이 뛰어나거나, 병력이나 장비가 풍부하거나, 속도가 빨라야 이긴다. 마찬가지로 시장에서 경쟁기업에게 이긴다는 것은 전략이 탁월하거나, 규모가 크거나, 효율성이 높다는 의미다.

시장에서 생존하기 위해 기획팀은 전략을 잘 짜야 할 것이고, 영업팀은 판매력을 집중할 승부처를 찾아내야 하고, 자금팀은 필요자금을 저렴하게 조달하면서 유동성을 유지할 수 있는 방안을 찾아야 할 것이다.

매출액 · 순이익 · 면적당 판매금액 · 신제품 개발기간 · 자금 조달 평균비용 등 팀에 따라 목표가 되는 항목은 다양해도 결국 이는 '회사가 돈을 버는 것에 기여하는 것'으로 집약된다. 회사의 기본적 목표가 수익창출과 생존이라는 점에서 팀 활동의 근본목표도 여기에 맞닿아 있어야 한다. 단지 기여하는 경로만 조금씩 다를 뿐이다.

팀은 회사 내 어떤 조직보다도 목표 지향적이어야 한다. 최전선에서 전투를 벌이면서 전과가 측정되는 곳이 팀이기 때문이다. 따라서 자기 팀의 역할이 회사가 돈벌이를 하는 데 있어 어떤 부분에서 기여하는지, 어떤 부분이 변화하면 회사가 돈벌이를 더 잘할 수 있는지 분명하게 관철하는 것이 우선이다.

2
팀은 회사에 돈을 벌어주기 위해 존재한다

고객을 만족시켜 돈을 버는 것은 회사의 존재목적이다.
이 개념이 팀 구성원들 속에 살아 숨 쉬고 있어야 한다.

잘되는 회사는 돈벌이를 잘하는 회사다. 돈벌이를 잘한다는 말을 달리 표현하면 이 회사의 제품이나 서비스를 원가보다 높은 가격으로 흔쾌히 구매하는 고객들이 많다는 뜻이고, 이는 고객들로부터 경쟁기업들의 제품과는 분명히 구별되는 가치를 인정받고 있다는 뜻이다.

요즘처럼 경쟁이 치열하고 엄청난 정보들이 거의 무제한으로 유통되는 시장환경에서 제품 자체로 고객의 지갑을 열고 제품에 대해 만족시킨다는 것은 정말 어려운 일이다. 한두 번

어설프게 고객을 속이고 돈을 버는 것은 가능할지 몰라도 장기간은 불가능하다. 다시 말해 돈벌이를 잘하는 기업은 연속성과 일관성이 있고, 눈앞의 작은 이익 때문에 고객과 거래처를 속이지는 않는다는 뜻이다.

회사가 돈벌이 한다는 행위 자체가 사회에 공헌하는 것이고, 이 공헌은 직접적으로 납부하는 세금으로 나타난다. 또 돈을 많이 벌면 설비에 투자해 관련 산업을 활성화하고, 종업원들의 월급도 많이 줄 수 있다.

돈벌이도 제대로 못하는 회사가 사회적 책임을 의식해서 기부금을 많이 내다가 부도가 난다면 오히려 사회적 책임을 다하지 못하는 것이다. 돈벌이를 잘하는 회사가 많은 돈을 써가면서 사회적 봉사활동을 하는 것은 당연히 존경받아야 할 일이지만, 이는 돈 많이 번 회사의 특권이다.

수익성이 회사 존재목적 전부가 될 수는 없어도, 존재목적의 가장 중요한 출발점인 것은 분명하다. 다시 말해 회사는 경제발전이나 고용창출, 분배정의를 위해서 존재하는 것이 아니라 돈벌이를 제대로 하는 것이 우선이다. 돈벌이를 해야 기업이 생존할 수 있고, 일단 생존해야 사회적 책임이든 경제 정의든 의미가 있는 것 아닌가.

'한국의 피터 드러커'로 불리는 윤석철 서울대학교 명예교수는 '가치〉가격〉코스트'의 이른바 '생존부등식'으로 유명하다. 그는 "경영의 기본은 투명경영이 아니다. 경영과 인생의 기본은 생존을 가능하게 하는 가치를 만드는 것이다."라고 역설한다. 투명경영을 한다고 기업이 잘된다는 보장이 없기 때문이고, 도산과 부도로 국가와 사회에 누를 끼치지 말아야 한다는 것이다.

최근 '기업의 사회적 책임'이라는 개념이 기형적으로 왜곡되면서 회사의 존재목적에 대해서 현실과는 동떨어진 의견이 분분하다. 심지어 일부 학자는 "사회적 책임을 다한 회사가 경영실적이 좋다."라는 주장을 하고, 우리 사회 일각에서는 이것을 당연시하기도 한다. 그러나 이는 자본주의와 회사의 본질을 제대로 이해하지 못하는 것에 불과하다.

일본 닛산자동차를 회생시킨 카를로스 곤 사장은 "기업의 최대가치는 이익을 내는 것이다. 닛산은 이익이 나지 않는 사업에는 손댈 생각이 없다. 비즈니스는 반드시 이익을 내야 한다."라고 말한 바 있다.

베인&컴퍼니의 오릿 가디쉬 회장도 "최고경영자는 기업의 사회적 책임을 우선적으로 요구하는 사회적 압박과 문화를 과감히 거부하고 무시하라. 특별히 사과할 필요도 없다. 그리고 본래의 목적인 가치창출에 전념하라."라고 갈파했다.

"돈벌이가 회사의 존재목적은 아니다."라고 말하는 사람이 있다면 팀장 자격이 없는 사람이다. 팀장이라면 이런 사람들에게 "고객을 만족시켜 돈벌이를 하는 것은 회사의 큰 사명이자 존재목적이다."라고 당당히 말할 수 있을 정도로 이론적으로 무장되어 있어야 한다. 그리고 팀장이란 기본적인 이 개념을 자신은 물론 팀 구성원들 속에 살아 숨 쉬게 해야 하는 사람이다.

만약 이러한 개념을 받아들이지 못한다면 민간기업에서 근무할 이유가 없다. 개념이 없기 때문에 적응하기도 어렵고, 앞으로 희망도 가질 수 없다고 본다. 공익성을 앞세워 세금으로 운영되는 단체에 일자리를 구하거나, 종교단체나 시민단체에서 활동하는 것이 차라리 나을 것이다.

3
민주적 팀은 없다, 다만 합리적 팀이 있을 뿐이다

기업에서 민주적 팀은 애당초 존재할 수 없다.
단지 이치에 맞는 합리적 팀만 존재할 수 있다.

'민주民主'라는 단어는 사람들에게 달콤한 열정을 환기시키는 말이다. 막연하고 실체도 없는 정치적 구호조차 이 단어만 붙이면 불가사의한 생명력을 얻는다.

그러나 회사에서 '민주'라는 단어는 설 자리가 없다는 사실을 분명히 말하고 싶다. 만약 팀원 중 누군가가 팀장에게 '민주적 조직운영'을 요구한다면, 이 사람은 회사생활의 기본자세가 되어 있지 않은 사람임을 분명히 밝히고, 회사까지는 몰라도 최소한 자신의 팀을 떠나게 해야 한다.

'민주'라는 단어는 모호한 뜻만큼 다양하게 해석되지만, 의사결정에 국한해서 생각하면 '1인 1표에 의한 다수결' 정도로 해석할 수 있다. 세상 일의 옳고 그름을 명확히 규정지을 수는 없기에, 일단 다수의 찬성에 의한 결정을 최선으로 본다는 의미다. 그리고 모든 시민은 한 표를 던질 권리가 있다는 점에서 평등하다는 사고다.

인간사회의 모든 조직이 '효율성'과 '정당성'이라는 2가지 목표를 추구한다고 볼 때, 평등한 투표권을 전제로 한 '민주'는 효율성보다는 정당성에 무게를 둔다. 정치적 영역에서는 정당성이 우선이기에 효율성을 양보하더라도 1인 1표에 의한 민주적 원칙을 견지할 수 있다.

그러나 기업은 완전히 다른 영역이다. '민주적 정당성'보다는 '합리적 분업구조'가 조직구성의 원칙이고, 효율성은 기업의 생존조건이기 때문이다. 즉 기업은 합의제로 운영될 수 없는 존재인 것이다. 이런 기본적인 점들을 이해하지도 못하면서 '민주적 기업운영'을 떠들고, 심지어는 '민주적 구조조정'이라는 슬로건까지 내거는 세상이다.

적군과 전투를 벌이는 상황에서 공격과 후퇴를 부대원의 투표로 결정할 수는 없을 것이다. 지휘관이라고 작전결과를 100% 확신할 수는 없지만 자신의 권한과 판단력으로 명령을 내리고 조직은 이를 실행한다.

기업도 마찬가지다. 신규투자나 구조조정을 직원들의 투표로 결정할 수는 없을 것이다. 기업에서 의사결정 권한을 가진 사람들이 최선을 다해 결론을 내리고, 성과에 대해서 주주에게 책임을 지는 구조다. 의사결정자들의 무능은 지배구조와는 별개의 문제이며, 설사 무능하다고 해서 기업의 의사결정을 투표로 결정할 수는 없다. 기업은 정치결사체가 아니기 때문이다.

민주적으로 운영되는 팀은 존재할 수 없다. 단지 합리적으로 운영되는 팀이 있을 뿐이다. 팀장은 권한을 가진 사람이고, 팀원은 이를 따를 의무가 있다. 물론 팀원 입장에서 보면 저열한 인품을 가진 역량 부족의 독재자 팀장이 내리는 지시와 탁월한 리더인 팀장의 지시는 같을 수 없겠지만, 이런 상황과 조직운영의 원칙은 별개의 문제다.

어떤 팀원이 민주적인 팀 운영을 요청하면서 합의에 의한 의사결정, 모든 정보의 공개, 밀실야합에 의한 독단적 의사결정의 중단을 요구한다고 하자. 정치판에서나 나올 법한 이런 식의 이야기를 한다면 이는 회사조직의 근본을 망각하고 있는 것이다.

회사에서 합의에 의한 의사결정이 된다면 좋겠지만 현실적으로 불가능하다. 모든 정보를 공개할 이유도 없다. 의사결정자는 회사의 효율성을 높이기 위해 필요하다고 생각되는 범위 안에서 공개하면 된다.

의사결정을 하기 전에 다양한 의견을 수렴해 좋은 방안을 찾는 것이 필요하지만 의사결정은 권한을 가진 사람이 하는 것이다. 의사결정자는 조직의 실적으로 평가받으면 된다. 절차적 정당성을 기본으로 하는 정치와 달리, 기업은 효율성을 기본으로 하는 조직이라는 점을 확실히 알아두어야 한다.

기업에서 민주적 팀은 존재할 수 없다. 단지 합리적 팀만 존재할 수 있다. '합리'란 이치에 맞다는 뜻이다. 이치란 원인과 결과를 정확하게 이해하고 올바른 결정을 내리기 위해 다양한 의견을 존중하고 수렴하는 과정이 살아 있다는 의미다. 조직에서 가장 중요한 것은 권한과 책임의 구분이다.

앞서 가는 팀장이라면 팀원의 의견에 귀기울이는 것과 생각 없이 떠드는 '민주'라는 단어를 분명히 구분해야 한다. 만약 철없는 어떤 팀원이 '민주적 운영'을 요구하면 먼저 차분히 타이르고, 그래도 안 되면 팀을 빨리 떠나게 해야 팀 전체가 산다. 동시에 팀장 자신의 권한을 합리적으로 행사하고 있는지 항상 반문해야 할 것이다.

4
팀장은 조직을 떠받치는 등뼈다

팀은 조직적인 의사결정이 최초로 일어나는 단위이고,
팀장은 조직의 간부로 인정받는 최초의 직급이다.

회사에 따라 팀의 개념과 역할은 다르다. A회사에서는 과장급이 팀장인데, B회사에서는 부장급이 팀장이다. 심지어는 전무·상무급 임원이 명함에 '팀장'이라고 적혀 있는 경우조차 있다. 그렇다면 팀의 개념은 무엇인가?

1997년의 IMF 구제금융을 계기로 우리나라 기업은 큰 변화를 겪기 시작했다. '글로벌 경제의 본격적 전개'라는 새로운 환경을 기회로 활용한 우리나라 기업들은 글로벌 기업으로 발돋움한 반면, 이런 변화에 제대로 적응하지 못한 기업은 쇠퇴했다.

이러한 과정을 거치면서 기업조직 내부도 과거의 부서 중심 라인조직에서 팀 중심의 유기적 조직으로 변모했다. 역할과 책임에 따라 구분할 수 있는 최소 기능단위를 팀으로 규정하면서 팀제를 대대적으로 도입해, 역할과 직급을 분리시킨 것이다.

팀장 · 팀원이 '역할'이라면, 부장 · 차장 · 과장은 '직급'이다. 과거 라인조직에서 부서장은 부장 · 차장이 하고, 과의 책임은 과장 · 대리가 맡았지만, 이제는 과장이 팀장인데 부장이 팀원이 될 수 있다는 의미다. 연공이 아니라 능력에 따른 인력배치의 기본적 틀이 형성된 것이다.

팀은 구분된 임무와 책임이 있고 독립적인 업무추진이 가능한 최소 단위다. 로마군대에 비유하자면 백인대와 유사하다. 켄투리아라고 불리던 로마군의 백인대는 이름 그대로 100명으로 구성된 최소 전투단위였다. 로마군단의 작전은 백인대 단위로 수립되었고, 임무도 백인대 단위로 부여되었다. 하급 간부인 백인대장은 수많은 전투에서 잔뼈가 굵은 역전의 용사만이 가지는 자부심이 있었다. 전투에서 실제로 적을 상대하는 지휘관이기에 자신의 목숨을 아끼지 않고 싸웠으며, 부하들을 독려하면서 쌓아 올린 리더십과 존경심은 조직을 유지하게 하는 근간이다. 즉 백인대장은 로마군대의 등뼈나 다름없었다.

조직적인 의사결정이 최초로 일어나는 단위인 팀을 지휘하는 팀장은 로마군대의 백인대장처럼 의사결정 권한을 지닌 간부로 인정받는 최초의 직급이다. 백인대장이 병사 개개인의 전투능력을 파악하고 적재적소에 배치하듯이, 팀장은 직원 개개인의 역량과 특성을 파악하고 이끌어야 한다.

수만 명의 로마군단도 몇 백 개의 백인대가 등뼈처럼 연결되어 조직된 것처럼, 수만 명의 임직원을 둔 큰 회사조직의 근간도 바로 팀이다. 팀장들은 기업전선의 최전방에서 팀원들과 고락을 같이하는 백인대장이다.

팀장은 조직의 등뼈다. 조직의 기본구조가 팀에서 시작되고, 의사결정의 출발점이 팀이기 때문이다. 등뼈가 부실한 동물이 생존하기 어렵듯이, 팀장그룹이 부실하면 기업도 부실해진다.

5
팀장은 상인적 지식으로 무장한 혁신가여야 한다

현장리더인 팀장이 상인적 지식의 중요성을 이해하고
이것으로 무장한다면 지식경제시대의 주역이 될 것이다.

인간문명의 역사는 곧 지식을 확장해온 역사라고 할 수 있다. 그러나 지식이 핵심적인 생산요소로 인식되기 시작한 것은 최근의 일이다.

저명한 미래학자인 앨빈 토플러는 『권력 이동』에서 “우리 생애의 가장 중요한 경제적 발전은 근육노동이 아닌 정신에 기초해 부를 창출하는 새로운 세대가 등장했다는 데 있다.”라며 지식이 부의 원천으로 부각되었음을 선언한 바 있다. 이러한 변화는 전통적인 인문적 지식인의 퇴조를 불러오면서 ‘신지식인'을 지식경제시대의 주역으로 자리매김시켰다.

공병호 박사는 자유주의 경제학자인 하이에크의 개념을 원용해 지식을 '지식인의 지식'과 '상인의 지식'으로 구분한다. 상인의 지식은 제대로 대접받지 못하지만 부의 창출에 결정적으로 기여하는 지식이고, 사회를 먹여 살리는 원동력인 '실제적 지식' 혹은 '현장지식'으로 보는 것이다. 반면 지식인의 지식은 세상 일들을 분석 · 설명하고 때로는 처방을 내리는 데 사용되는 '체계화된 지식'이다.

상인의 지식은 주로 구체적인 상황 속에서 경험을 통해 쌓이고 언어로 설명하기 힘들며, 여러 명에게 분산되어 있는 암묵적 지식이다. 자동차 판매왕의 노하우, 기업인의 성공경험 등이 그 예다. 반면 지식인의 지식은 보편적 원리를 추구하는 학습을 통해 축적되고 언어로 전달되며, 일부 사람에게 집중되어 있는 명시적 지식이다. 수학공식 · 물리법칙 등이 대표적이다.

전통적 지식인은 자신이 보편타당한 원리를 이해하고 있다고 착각하고 상인의 지식을 얕보면서 구체적 상황을 자신들의 이론에 끼워 맞추려는 경향이 있다. 그러나 보잘것없는 정규교육을 받고도 큰 성공을 거둔 많은 사람들은 가치 있는 상인의 지식이 분명히 존재함을 방증한다.

따라서 외견상 그럴듯한 명분과 이데올로기를 추구하는 지식인의 지식이, 현실적이고 구체적인 상인의 지식을 억누르는 공동체는 몰락할 수밖에 없다. 성리학의 명분에 매몰되어 실학을 무시했던 조선왕조의 쇠망이 이런 예다.

21세기에 들어선 지금도 일부 전통적 지식인 부류는 자신의 이론을 맹신하면서 실체적 현실을 왜곡하는 경우가 적지 않다. 기업경영을 놓고도 불완전한 이론에 기대어 비현실적인 주장을 늘어놓는 경우도 많이 있는데, 명분에 약한 우리사회의 특성 때문인지 이런 허황된 주장들에 현혹되는 것도 드문 일은 아니다.

문文의 전통이 강한 우리나라에서는 전통적 지식인을 과대 평가하는 경향이 있지만 이들의 시대는 저물고 있다. 다가오는 지식경제 시대의 주역은 상인적 지식으로 무장한 신지식인이다. 상인의 지식이 가지는 경제적 가치는 계속 높아지고 있는 반면, 현장과 유리된 전통적 지식인들이 설 자리는 계속 좁아지고 있기 때문이다.

전통적 지식인들이 그들의 식량인 명분과 이데올로기를 생산하기 위한 노력을 계속하겠지만 한계는 뚜렷하다. 전반적 교육수준이 높아진 상황에서 막연한 이론이란 교양에 머물 수밖에 없고, 실질적인 부를 창출할 수 있는 지식과 정보는 현장에서 생산된다.

팀장은 지식이 생산되고 혁신이 출발하는 곳인 현장에 가장 밀착된 리더다. 기업조직 전체의 관점에서 팀장은 현장에서 변화를 읽고 혁신을 주도하는 중간관리자로서 '상인적 지식'을 축적하는 주역이다.

조직의 리더십 · 갈등해소 · 효율화와 같은 사안도 과거에는 학자나 외부전문가의 이론적 조언이 무게를 가졌으나, 지금은 현장간부들의 경험과 지식에 기반한 해결방안이 중요해지고 있다.

또한 신제품이나 신개념 디자인과 같은 사안도 시장에서 소비자와 접촉하는 현장에서 얻어지는 정보와 지식이 가장 소중하다. 이 역시 현장리더인 팀장의 갈무리과정을 거치지 않고서는 가치 있는 상인적 지식으로 진화할 수 없다.

창의성과 인지과학을 연구하는 전문가들은 '10년 법칙'을 이야기한다. 개인이 특정 분야의 지식을 습득해서 창의적인 성과로 연결시키는 데 필요한 준비기간이 대략 10년이라는 의미다.

이런 점에서 대개 10년 이상의 업무경험을 가진 팀장은 '상인의 지식'으로 무장한 신지식인의 출발점에 서 있다고 볼 수 있다. 팀장은 변화와 혁신의 주역이 되는 자신과 팀원의 업무경험을 체계적으로 지식화해 조직 전체의 성과를 높일 수 있는 사람이다.

기업현장의 최일선에 있는 팀장으로서 전통적 지식인이 가지고 있는 추상적 이론의 무게에 짓눌릴 필요가 없다. 전통적 지식인들은 언뜻 대단한 논리체계를 가지고 있는 듯 보이지만 형식논리의 오류에 빠져 현실과 동떨어진 주장을 하는 경우가 많다. 붕어빵에 붕어가 없듯이 경제문제 진단에 현실이 빠져 있고, 기업문제를 논하면서 경영의 개념은 찾아볼 수 없는 예가 허다하다.

정작 부를 창출하고 혁신을 이루는 것은 상인적 지식이다. 현장리더인 팀장이 상인적 지식의 중요성을 이해하고 이것으로 무장한다면 실질적인 문제해결 능력을 보유한 지식경제시대의 주역이 될 것이다.

6
팀장은 근본적으로 결정하는 사람이다

크든 작든 조직의 리더는 근본적으로 결정하는 사람이다.
최악의 팀장은 이유 없이 막연히 결정을 미루는 사람이다.

명절 때 가족끼리 모여 고스톱 한 번쯤은 쳐보았을 것이다. 고스톱에서 크게 이기기 위해 가장 중요한 것은 뭐니 뭐니 해도 언제 '고'와 '스톱'을 외칠 것인지 판단하는 능력이다. 아무리 득점을 많이 했어도 '스톱'을 제때 못하면 모든 것은 물거품이다. 또 대량득점의 찬스에서 '고'를 외치는 결단력을 보여주지 못하면 근근이 생명만 연장하게 된다.

이런 결단력은 고스톱에서만 필요한 것은 아니다. 경영에서도 마찬가지다. 회사는 직급에 따른 분업체계를 가진다. 팀원은 팀원의 일이 있고, 팀장은 팀장의 일이 있으며, 임원과 사장도 각자의 일이 있다. 이 각자의 영역에서 리더는 자신의 판단으로 계속 결정을 내린다. 크든 작든 모든 조직의 리더란 기본적으로 결정하는 사람이다.

아무리 직급이 높아도 자신이 결정을 내리지 않는 사람은 리더가 아니라 참모다. 이런 점에서 팀장이 된다는 것은 결정을 내리기 시작했다는 점에서 '고'와 '스톱'을 적시에 불러주는 것이 중요한 임무라는 것을 잊어서는 안 된다.

팀장을 포함한 조직 내 모든 리더의 의사결정은 회사를 발전시키거나 어렵게 할 것이다. 그러나 결정하지 않는 리더를 만난 조직은 아예 움직이지 않는다. 의사결정을 미루는 리더만 쳐다보며 애꿎은 시간만 보내기 십상이다. 결정이 없으니 행동도 없는 것이다.

아랫사람 입장에서 가장 답답한 상사가 우유부단하고 결단력 없는 상사다. 이런 사람일수록 결정을 미루다 문제가 생기면 책임도 다른 사람에게 미루는 법이다.

팀원과 의견을 나누면서 결정을 해야 하는 사안이 생겼다면 먼저 중요성과 시급성을 파악하라. 중요하지 않지만 시급한 사안은 그 자리에서 결정짓는 것이 좋다. 자신이 잘 모르겠다면 팀원의 말을 따르면 된다.

프린터가 고장 났는데 고칠 것인지 교체할 것인지와 같은 사소한 사안을 결정하기 위해서는 단 10분을 쓰기도 아깝다. 중요하지도 않고 시급하지도 않은 문제는 즉시 결정하라. 어차피 아무렇게나 결정하면 될 문제를 남겨둘 이유가 없기 때문이다. 중요하면서 시급하지 않은 것은 시간을 두고 생각해보면 된다. 신중하게 접근하되 늦지 않게 결론을 내릴 필요는 있다.

문제는 시급하면서 중요한 사안이다. 팀장과 같은 리더는 중요한 문제를 짧은 시간 동안의 배경설명만으로 10초 이내에 '예스'인지 '노'인지 말해야 하는 상황에도 직면할 수 있다.

이때 필요한 것이 이해력과 결단력이다. 이해력은 학습으로 보충할 수도 있으나, 결단력은 보통 기질의 문제다. 단, 기질의 문제인 결단력이지만 충분히 보완 가능하다. 팀장이 국가의 운명을 건 문제를 결정하는 것도 아니기 때문이다.

단지 습관적으로 결정을 미루는 것을 의식적으로 회피하려 하는 노력이 중요하다. 크건 작건 결정을 내린다는 것은 누구에게나 스트레스를 준다. 팀장이 된다는 것은 이런 점에서 스트레스를 본격적으로 받는다는 의미다. 그러나 팀장이 우유부단해서 상습적으로 결정을 미룬다면, 그 스트레스는 팀장 개인을 넘어서 팀과 팀원으로 확산되어 조직의 스트레스가 된다.

"상황이 발생했을 때 리더는 최선을 다해 올바른 의사결정을 해야 한다. 그러나 사람의 판단력은 완전하지 않다. 때로는 잘못된 결정도 내린다. 최악의 리더는 막연히 결정을 미루는 사람이다. 잘못된 결정보다 지연된 결정이 더 문제다."

미국의 웨스트포인트 육군사관학교의 리더십 교육에서 강조하는 말이다. 팀장을 포함한 간부라면 되새겨볼 만한 내용이다.

7
이제 나 홀로 잘하는 것만으로는 해결되지 않는다

팀원과 팀장의 가장 큰 역할 차이는 사람을 다루는 것이다.
팀장 혼자서 모든 일을 다 잘 하기란 원칙적으로 불가능하다.

"될성부른 나무는 떡잎부터 알아본다."라는 속담이 있다. 신입사원 시절부터 탁월한 능력을 나타내면서 CEO까지 승승장구하는 사람들에게 딱 들어맞는 말이지만, 실제 보통사람들은 그렇지 않은 경우가 오히려 더 많다.

유능한 사원이 무능한 팀장이 되고, 유능한 팀장이 무능한 임원이 되는 경우가 그것이다. 이는 단순한 행운과 불운의 문제만이 아니라 조직에서 직급에 따라 요구되는 능력이 달라지기에 나타나는 현상이다.

사원이나 대리 같은 실무자에게는 꼼꼼함과 성실함이 가장 큰 덕목이지만, 팀장 정도의 중간관리자는 실무처리 능력은 물론 직원관리 능력, 상하 간 의사소통 능력이 중요하다. 고급관리자는 리더십과 대내외적 네트워킹 능력, 전략적 사고 능력이 핵심이다. 따라서 사원이나 대리 시절에 인정받았던 장점이 팀장이나 고급관리자가 되어서는 오히려 극복해야 할 약점이 되기도 한다.

팀원과 팀장의 가장 큰 역할 차이는 사람을 다루는 것이다. 팀원은 자신에게 주어진 일을 성실하게 수행하는 것이 기본이지만, 팀장은 업무를 팀원들에게 분담시키고 팀원들이 성실하게 수행하게 하는 것이 기본이다.

팀장 혼자서 모든 일을 다 잘할 수는 없다. 그러나 일 잘하는 사람으로 팀을 구성해서 잘 관리하면 팀장은 팀원들과 함께 모든 일을 잘할 수 있다.

팀원이 나 홀로 잘하면 기본점수는 따지만, 팀장이 나 홀로 잘하면 낙제점이다. 팀장은 나 홀로 잘하는 사람이 아니라 팀원들이 잘할 수 있도록 팀워크를 이끌어 가는 사람이기 때문이다. 이런 측면에서 팀장과 같은 중간관리자를 운동경기의 코치에 비유하는 것이 적절하다.

팀장은 전쟁터의 일개 병사가 아니라 초급지휘관이다. 전쟁터의 지휘관이 전투 전체를 이끌어 가야 하는 자신의 역할을 망각하고 일개 병사와 똑같이 육박전을 벌인다면 희생은 오히려 더 커지고, 전투에서도 이기기 어렵다.

지휘관은 상황을 판단하고 결정을 내리며, 무엇보다 병사들이 용감하게 싸울 수 있도록 동기부여를 하는 사람이다. 지휘관이 혼자 용감하게 싸운다고 전쟁에 이길 수 없듯이, 팀장 혼자 열심히 한다고 문제가 해결되지 않는다.

팀장이 받는 월급은 자신의 생산성만이 아닌 팀원들의 생산성을 포함한 것이다. CEO의 월급도 모든 임직원의 생산성을 반영한 것이다. 조직의 크기에 비례해서 리더가 가진 생산성의 범위도 커지고, 월급도 기하급수적으로 높아지는 것이다. 팀장은 팀원 전체의 생산성을 올리는 것이 기본 임무임을 직급에 따른 급여상승의 이론을 봐도 알 수 있다.

또한 사람을 관리하는 것은 팀장의 중요한 책무다. 흔히 예단하는 것처럼 외향적이고 털털한 사람이라고 사람을 잘 다루는 것이 아니라, 공정함을 유지하고 원칙을 지키는 팀장이 사람을 잘 다룬다. 기업조직이 친목회가 아니기에 결국 실적에 따른 대우, 성과에 따른 보상이 조직을 움직이는 기본적 동인이기 때문이다.

팀장의 기본 임무는 팀워크를 형성하고 팀원들을 뛰게 만들어 팀 전체의 성과를 높이는 것이다. 팀장이 앞장서서 열심히 하는 것은 바람직하지만, 솔선수범만이 능사는 아니라는 사실 역시 분명히 알고 있어야 한다. 팀장은 팀 모두가 잘할 수 있도록 이끌어가는 지휘관임을 명심하자.

8
팀장에게는 팀 전체의 성과가 곧 자신의 실적이다

팀은 고객에게 인정받을 수 있는 성과를 내야 한다.
멀게는 시장의 고객이고 가깝게는 회사 내의 고객이다.

높은 교육열이 1950년대 한국전쟁 직후의 폐허에서 한강의 기적을 일으켜 산업화에 성공할 수 있었던 원동력이었음은 분명하다. 하지만 현재 우리나라의 교육은 종합병동이라고 할 만큼 여러 가지 문제가 복합적으로 결부되어 사회적 갈등과 경제적 낭비의 진원지가 되었다.

문제의 핵심은 교육 수요자인 학생과 학부모의 요구는 실종되고, 교육 공급자인 정부와 교사들의 입장을 우선 반영하는 구조가 고착화되어 있다는 데 있다. 돈을 내는 수요자는 무시되고, 돈을 받는 공급자를 대변하는 낙후된 구조를 변호하기 위해 공급측 관련자들은 '교육은 시장원리를 넘어선 신성한 가치를 지닌 것으로 함부로 시장원리를 적용할 수 없으며, 어쨌든 교사들이 학생들을 위해서 진정으로 열심히 노력하고 있다.'라는 논리를 흔히 사용한다.

일견 타당한 이야기로 들리지만 여기에는 고객관점이 실종되어 있다. 즉 성과측정이란 고객의 관점에서 해야 하는데, 엉뚱하게도 공급자인 자기 자신의 관점에서 바라본 코미디 같은 대사인 것이다.

공급자인 교사들이 열심히 한다는 것과 수요자인 학생 · 학부모들이 만족한다는 것은 완전히 별개의 문제다. 교사들의 열성에도 불구하고 학생과 학부모들이 만족하지 못한다는 것은, 달리 말하면 고객은 안중에도 없고 공급자의 열의만 있으면 문제가 없다는 사고방식일 수도 있다.

기업 입장에서 보자. 기업은 자신의 성과를 고객으로부터 평가받는다. 모든 직원이 열심히 일해서 제품을 내놓았어도 고객이 외면하면 그것으로 끝이다.

이런 측면에서 기업활동의 궁극적 평가자는 고객이다. 고객의 평가는 기업의 매출규모와 수익이라는 실적으로 나타난다. 기업 내부관점에서는 매출과 수익을 올리기 위해 기여를 한 조직과 사람을 평가해 그에 상응하는 보상을 하는 것이 기업활동의 기본구조다.

중요한 것은 팀원들과 팀장들이 아무리 열심히 일해도 고객들에게 인정받지 못한다면 말짱 도루묵이라는 점이다. 모든 것은 고객으로 귀착되고 고객으로 평가받는다. 따라서 팀은 고객에게 인정받을 수 있는 성과를 내야 한다. 이 고객은 멀게는 시장의 고객이고, 가깝게는 회사 내의 고객이다.

회사에서 "우리가 열심히 하고 있는 것만은 알아달라."라고 말한다면, 이는 어리광이나 투정에 불과하다. 열심히 하는 것은 소중한 가치이지만, 고객에게 인정받기 어려운 일을 열심히 한다는 것은 불필요한 에너지 낭비다.

엉뚱한 곳에 에너지를 낭비하지 않으려면 팀이 열심히 하는 것으로는 부족하다. 성과를 내기 위한 방향성이 있어야 하고, 이 방향성은 팀장의 몫이다.

팀제로 바뀐 조직은 성과 측정의 기본단위가 팀이 된다. 역할과 책임을 구분할 수 있도록 단위기능을 팀으로 구분하고, 팀의 성과를 측정하기 위한 지표KPI; Key Performance Indicator, 핵심성과지표를 개발하고 적용한다. 이때 팀의 방향성은 회사에서 요구하는 성과측정을 위한 기준과 합치되어야 한다. 그래야 팀의 성과를 인정받을 수 있다.

팀장에게는 팀 전체의 성과가 곧 자신의 실적이다. 팀장이 된다는 것은 개인의 실적이 아니라 팀이라는 조직의 실적을 책임진다는 뜻이다.

피터 드러커는 "측정할 수 없는 것은 관리할 수 없고, 관리할 수 없는 것은 개선할 수 없다."라고 말했다. 팀장이라면 자신의 팀 성과가 어떤 부분에서 측정되고 관리되는지를 분명히 알고, 이를 팀의 방향성으로 삼아야 한다.

9

팀장은 팀원의 실적을 판매하는 세일즈맨이다

팀장은 모든 팀원들의 노력과 실적에 대한 세일즈맨이다.
즉 팀원들의 결과물을 가지고 팀장이 세일즈하는 것이다.

"우리 팀장은 일은 잘 하는데, 윗사람들에게 제대로 인정받지를 못해."라는 평가를 받는 팀장들이 있다. 이런 팀장들은 좋게 말하면 '묵묵히 자기 일을 하는 성실한 사람'으로 볼 수 있으나, 나쁘게 말하면 '팀원들이 고생한 일을 윗사람들에게 제대로 팔아먹지 못하는 사람'으로 볼 수도 있다. 이런 팀장을 만난 팀원들은 자신들의 성과도 조직 내에서 제대로 인정받지 못하는 것이 당연하다.

회사 내부에는 여러 가지 수준과 형태의 보고체계가 있다.

먼저 팀원이 팀장에게, 팀장이 임원이나 본부장에게, 임원이 사장에게, 사장이 이사회에게 하는 식의 다양한 수준이 있다. 또한 보고 형태도 프레젠테이션, 개별 면담, 이메일, 문서 제출 등 다양하다.

팀과 같은 소집단에서는 누가 어떤 일을 어떻게 하고 있는지가 한눈에 보인다. 그러나 일상적인 업무를 함께 하는 범위를 넘어서면 이런 사정을 알 수 없다. 업무는 결과물과 보고의 품질을 가지고 평가한다. 임원과 사장이 직원들의 업무능력이나 지식수준을 모두 파악하기는 어렵기 때문이다.

따라서 보고하는 사람의 역할이 중요하다. 아무리 고생해서 잘 만든 보고서라도, 보고하는 사람이 중언부언하고 핵심을 제대로 설명하지 못하면 좋은 보고서와 팀원들의 노력은 빛이 바랜다.

팀원들이 열심히 노력한 수준 높은 결과물을 팀장이 보고하러 갔다가 윗사람에게 왕창 깨지고 오는 경우를 간간이 본다. 팀장이 윗사람의 지시를 제대로 이해하지 못해서 팀원들에게 잘못된 업무지시를 내린 경우도 있지만, 효과적으로 보고를 못한 경우도 많다.

이런 경우가 자주 일어나면 팀장으로서의 리더십을 확보하는 것은 어려워진다. 건설회사 · 광고회사 · 컨설팅 회사에서 영업하면서 흔히 작성하는 제안서도 마찬가지다. 팀원들이 열심히 노력해서 좋은 제안서를 만들었는데, 팀장이 프레젠테이션을 망쳐서 결과가 좋지 않았다면 팀원들의 노력은 물거품이 된 것이다. 이런 일이 반복되면 팀원들로서는 팀장과 함께 일할 이유를 찾지 못할 것이다.

상사에게 보고하는 일에 별로 관심이 없는 팀장도 있다. 성격상 아주 중요한 일이 아니면 보고하지 않으려는 점잖은 팀장이다. 자신이 나서기보다 남들이 자연스럽게 알아주기를 원하는 것이 전통적인 정서이기도 하지만, 이 역시 개인의 문제가 아니라 조직의 문제가 되면 달라진다. 팀원들의 노력이 인정받을 수 있는 기회를 자꾸 없애는 것이 될 수 있기 때문이다.

윗사람들이란 현장에서 떨어져 있기에 세세한 정황을 알고 싶어하는 경향이 있다. 문서화된 보고서는 간결한 결과만 나와 있기에 직접 팀장이나 실무자와 대면해 주변 정황을 알고 싶어한다. 그러면서 아랫사람이 부담스러워 할까 봐 먼저 찾는 것은 자제하는 경우가 많다. 적절한 횟수로 보고하는 것은 대개 윗사람도 환영할 일이다.

이처럼 정당한 노력에 따른 결과물에 대해서는 적절한 방법을 통해 알려야 한다. 이것은 팀장 개인의 취향문제가 아니라 팀원들의 사기와도 관련이 있는 문제이기 때문이다.

팀이 좋은 성과를 낳았을 때 임원이 "좋은 성과를 냈군. 축하하네."라고 말하는데, "고맙습니다. 많이 도와주셔서 감사합니다."라고 대답하는 팀장은 2% 부족하다. "고맙습니다. 많이 도와주셔서 감사합니다. 이번에 저희 팀 아무개 과장과 아무개 대리가 고생 많았습니다."라고 말할 수 있어야 한다. "이번에 제가 고생 좀 했습니다. 다 제 노력 덕분입니다."라는 식으로 말하는 팀장이라면 물론 자격미달이다.

팀장은 팀원들의 노력과 실적에 대한 세일즈맨이다. 내부 보고형태든, 외부 프레젠테이션이든 팀원들의 결과물을 가지고 팀장이 세일즈를 하는 것이다.

아무리 좋은 제품도 세일즈맨이 형편없다면 팔리지 않는다. 마찬가지로 팀원들이 노력해 좋은 결과물을 만들어도 팀장이 제대로 팔아먹지 못한다면 팀원들의 노력은 물거품이 된다. 팀장이라면 자신의 취향과는 상관없이 조직논리 속에서 이러한 점을 분명히 알아야 한다.

10

팀장은 곧 경영자이기도 하다

팀장이라면 샐러리맨의 시각에 매몰되어서는 안 된다.
팀장에게 필요한 것은 자신을 경영자로 보는 자의식이다.

경제학은 유한한 자원과 무한한 인간의 욕망을 전제로 출발한다. 한편 경영이란 한정된 자원을 활용해 최대한의 결과를 이끌어내는 방법이며, 경영자는 이를 위해 다른 사람들의 목표와 행동을 계획하고 감독하는 책임을 맡은 사람이다.

이런 측면에서 경영과 경영자의 범위는 기업으로 제한되지 않고 군대 · 스포츠 팀 · 종교단체 등 인간이 만든 모든 조직에 적용될 수 있다.

실제로 조직화된 집단의 경영자란 개념은 고대 이집트까지

거슬러 올라간다. 고대 이집트에서는 석기를 사용했고, 화폐 경제는 존재하지도 않았으며, 동력이라곤 사람의 힘뿐이었다. 그러나 이집트에는 17등급의 관리계급 조직이 있었기 때문에 거대한 피라미드를 세울 수 있었다. 고대 앗시리아제국에는 '푸슈켄'이라는 대상인이 이미 국제무역상사와 유사한 조직을 운영했었다.

조직관리에 전략개념을 도입한 선구자들은 역시 군대 지휘관들이었다. 현대 기업의 직급이나 조직구조는 모두 군대에서 비롯되었다. 군대야말로 한정된 자원으로 최대의 성과를 이끌어내는 것이 절실한 조직이기 때문에 이를 모방한 것이다. 기업들은 로마군의 전술이나 손자병법에 서술된 목표설정, 자원배분, 리더십, 철저한 준비, 속도와 기습 등을 경영전략의 핵심 개념으로 도입하고 있다.

팀장 역시 자신의 팀에 배정된 인적 · 물적 자원을 자신의 책임 하에 관리해 최대한의 성과를 이끌어 내야 한다는 점에서 분명히 경영자다. 군사력의 숫자로 전쟁의 승패가 결정되지 않기에 훌륭한 지휘관이 필요하듯이, 유능한 직원이 있다고 팀의 성과가 확보되는 것이 아니기에 팀장의 역할이 필요한 것이다.

팀장이라면 샐러리맨이나 노동자의 시각에 매몰되어서는 안 된다. 팀장이 '회사에서 주는 만큼 일하겠다.'는 샐러리맨 의식이나, '내가 열심히 일하고 있으니 회사는 무조건 나의 생활을 보장해 달라.'는 노동자의 시각을 가지고 있다면, 이미 팀장으로서의 자격이 없는 것이다.

팀장에게 먼저 필요한 것은 자신을 경영자로 규정하는 자의식이다. 주어진 여건 하에서 가지고 있는 자원을 효율적으로 활용해 최대의 성과를 낸다는 적극적인 경영자 의식이 근본 바탕이 되어야 한다.

팀장이 노동자 의식을 가지면 팀도 노동자의 집단이 된다. 그러나 팀장이 경영자 의식을 가지면 팀은 전문가 집단이 된다. 조직원이란 조직의 리더를 닮기 때문이다.

물자와 군사가 충분한 가운데 전투를 벌이는 군대는 예외적인 경우다. 군대는 항상 부족한 가운데 목표를 성취하는 숙명을 지닌다.

기업도 마찬가지다. 항상 부족한 자원으로 목표를 설정하고 달성해야 한다. 병사의식을 가진 지휘관이 전투에서 승리할 수 없듯이, 경영자 의식을 가지지 못한 팀장이 성과를 내기는 어렵다.

11
팀장이 되기 전과는 전혀 다른 차원의 일을 해야 한다

팀장이 되기 전과 후는 리더십 측면에서 전혀 다른 차원이다.
팀원들의 능력을 끌어내어 주어진 목표를 달성해야 한다.

대학에서 정치학 강의를 들을 때 "정치학 이론은 정치학자의 숫자만큼 많다."라고 하던 말이 생각난다. 마찬가지로 리더십에 대해 여러 가지 이론이 있지만, 리더십이란 분명히 규정하기 어려운 개념이다. 정치학과 마찬가지로 리더십 이론도 리더십 전문가만큼 많다고 느낀다.

그러나 리더십의 개념을 정의하기 어렵다고 해서 리더십의 실체까지 부인할 수는 없다. 조직의 리더가 누구냐에 따라서 결과가 완전히 다르게 나타나는 경우는 현실에서 자주 접할 수 있는 일이다.

조직의 힘과 리더십은 다음과 같은 함수관계로 해석할 수 있다.

조직의 힘 = (조직원의 잠재역량 + 합리적 인센티브 구조)×리더십

조직의 기초체력은 조직원의 잠재역량과 합리적 인센티브 구조가 출발점이다. 리더십은 이러한 기초체력을 실질적인 조직의 힘으로 바꾸는 요소다. 기초체력이 좋아도 지도자의 리더십이 부족하면 조직의 힘은 기초체력 수준을 넘어설 수 없다. 역량이 떨어지는 졸렬한 지도자를 만났을 때는 기초체력조차 발휘하지 못하고 조직 자체가 무너진다.

다양한 감정을 가진 사람인 팀원들을 이끌고, 그들의 능력을 끌어내 주어진 목표를 달성해야 하는 리더란 점에서 팀장이 되기 전과 후는 차원이 전혀 다르다고 할 수 있다.

간혹 리더 없이도 충분히 이해하고 대화하면 조직은 움직

일 수 있다고 주장하는 사람들이 있다. 그러나 이는 환상에 불과하다. 어떤 형태이건 사람이 모인 곳에서는 공식적이든 비공식적이든 리더가 생겨난다. 두 사람만 모여도 리더는 있어야 한다. 조직구성원 모두의 인격은 평등할 수 있으되, 역할 분담까지 평등한 조직은 현실에 존재하지 않는다.

리더십은 우리나라 기업에서 1990년대 후반부터 주요한 관심사로 부각되었다. 경제개발이라는 목표를 정하고 '돌격 앞으로'를 외치던 개발시대의 기업문화는 소위 '까라면 까는' 분위기가 지배적이었고, 리더십을 화두로 삼을 만큼 한가하지도 않았다. 그러나 1990년대 후반의 경제위기는 기업조직과 문화에 근본적인 변화를 몰고 왔다. 권한의 분산, 팀제의 도입, 연공보다 능력과 역할에 의한 인사시스템이 본격적으로 도입되기 시작한 것이다.

조직 내 리더십의 중요성이 커지면서 최고경영자는 물론 중간간부급의 리더십도 중요한 관심사가 되었다. 권한이 소수에 집중된 조직과 달리 권한이 위임된 조직에서는 중간간부급의 리더십도 중요하기 때문이다.

큰 리더는 분명히 타고나지만, 작은 조직의 리더는 누구나 노력하면 될 수 있다. 팀 단위 조직을 이끌 수 있는 리더십은 건전한 상식을 가진 사람이라면 후천적 노력으로 충분히 가능하다. 그리고 리더십이란 이론이 아니라 실제이기 때문에 공부로서 습득되는 것이 아니다. 현실에서 조직을 이끌고 부딪치면서 키워가고 검증받는 것이다.

팀장이란 자신이 가진 리더로서의 잠재력을 타진해야 한다. 리더로서 자질이 높으면 더 큰 조직의 리더로 경력을 설계해 나가고, 반면 타인과의 관계에서 지도력을 확보할 수 있는 역량이 도저히 없다고 판단되면 개인기에 의존한 독립적인 업무 중심으로 향후 경력을 설계해야 한다.

12
팀장의 리더십은 이론이 아닌 실체다

팀장 리더십은 읽거나 들어서 배우는 것이 아니다.
팀원들을 대하고 이끄는 실제 과정에서 습득된다.

이탈리아 반도 중부의 조그만 마을에서 시작해, 고대 서방세계 최대의 국가를 건설하고 최고의 문화수준을 이루었던 천년제국 로마는 인재양성시스템도 탁월했다.

로마는 현장경험을 중시하는 전통으로 귀족 명문가 자제는 보통 10년, 최소한 3~4년의 군복무를 반드시 거쳤다. 군복무라고 해서 군복 입고 세월만 보내는 것이 아니라, 최전방 정예 로마군단의 10명 대대장 중 수석대대장(트리부누스 라티클라비우스)으로 임명되었다.

수석대대장은 명예직이 아니라 유사시 군단장을 대신해서 1만 명의 병력을 지휘하는 막중한 자리였다. 명문가 출신의 20대 초반의 경험 없는 풋내기가 백전노장인 동료 대대장들을 지휘해야 하는 입장이 되는 것이다.

당시 로마에선 수석대대장은 자신의 능력을 분명히 보여주지 않고서는 리더십을 확보할 수 없었고, 여기서 역량을 인정받지 못한 자는 지도자의 자질이 없는 것으로 간주되었다. 로마는 미래의 지도자에게 군대생활을 통해 조직생활과 리더십의 의미를 체득하게 하고, 지도자로서의 기본자질을 검증받게 했던 것이다.

군복무를 마치는 30세 전후부터 회계감사관(콰이스토르) · 법무관(프라이토르) · 군단장 · 속주 총독 · 집정관으로 이어지는 공직경력을 시작하는 것이 관례였다.

로마인들은 지도자의 리더십은 책상머리 공부가 아니라, 구체적 현실에 부딪쳐 경험하는 과정에서 쌓인다고 보았다. 군대 지휘관생활을 통해서 리더십이란 이론이 아닌, 사람을 제대로 다루고 실제상황에서 올바른 판단을 내리는 능력임을 깨닫게 했던 것이다.

이런 시스템 덕분에 로마엔 우수한 지도자가 끊임없이 충원될 수 있었고, 무엇보다 현실과 유리된 그럴듯한 관념론과 이상론에 빠져든 선동가가 지도자가 되면서 공동체에 해악을 끼치는 위험을 최소화할 수 있었다.

2천 년 전 로마인이 고민했던 리더십은 21세기인 오늘날에도 역시 화두다. 2천 년의 시간이 흐르고 많은 것이 변했지만, 인간의 근본적 성격은 큰 변화가 없었기 때문이다. 몇 백만 년의 진화과정에서 본능으로 자리 잡은 인간성을 불과 수천 년의 문명이 변화시킬 수는 없다.

이러한 점에서 고대 로마인들의 인재양성시스템은 '리더십이란 책 속의 이론이 아니라 현실 속의 실체'라는 살아 있는 교훈을 주고 있다.

리더십이 강조되면서 관련 서적도 쏟아져 나오고, 리더십을 계발하는 프로그램도 많다. 그러나 리더십에 관한 책을 많이 읽고, 리더십 프로그램에 참가한다고 해서 리더십이 생기는 것은 아니다.

책이나 프로그램은 자신의 리더십에 대해 생각해보는 계기가 될 뿐이지 리더십 자체를 체득하도록 해주지는 않는다. 이는 결혼정보 회사가 청춘남녀를 결혼하는 계기를 만들어줄 뿐 결혼시킬 수는 없는 것과 마찬가지다.

리더십은 읽거나 들어서 배우는 것이 아니라, 현실의 경험에서 습득하는 것이다. 리더십에 대한 이론을 많이 공부하고 책도 많이 냈다고 하는 것과 실제 리더십을 가지고 있는 것은 완전히 별개다.

군대 등을 비롯한 조직생활을 한 번도 해보지 않은 사람이 경영학 공부 좀 했다고 조직 갈등과 리더십에 대해 현실과 동떨어진 이야기를 늘어놓는다면 거기에 귀기울일 이유는 전혀 없다.

팀장의 리더십도 자신이 팀원들을 대하고 이끄는 실제 과정에서 습득되는 것이다. 현실에서 분명히 존재하는 실체지만 이론이 아니기에 남이 가르쳐줄 수 없고, 책을 통해 배울 수도 없다.

리더십은 자신이 만들어가는 것이지 남이 주는 것이 아니다. 리더십은 자신과 동료, 조직이 처한 상황 속에서 생겨나는 경험과 교훈들 속에서 스스로 쌓아나가는 것이다.

2장

팀 역량을 극대화하는
팀장이 되어라

13
여러 마리의 토끼를 잡으려 말고 목표를 단순화하라

팀장으로서 목표를 정할 때는 한 가지에 집중해야 한다.
여러 목표를 설정해야 한다면 우선순위를 분명히 해야 한다.

일본에서 부동산 열풍이 한창이던 시절, 좋은 호텔이 매물로 나왔다는 정보가 입수되었다. 실무진은 대도시 근처에 위치한 이 호텔에 대한 인수타당성을 검토했다. 운영은 그럭저럭 되고 있었으며, 위치와 교통도 A급은 아니지만 B급 정도로 나쁘지 않았고 가격도 적당했다.

실무진은 호텔업 자체는 수익성이 없지만 직원휴양소나 연수원 및 고객접대용으로 사용가능하고, 위치를 감안하면 장기적으로 부동산 가격이 오를 수 있다고 판단했다. 다목적 포

석으로 적당한 가격에 인수하는 것이 무리 없는 거래라고 본 것이다.

언뜻 꿩 먹고 알 먹을 수 있을 것으로 보이지만 목표가 너무 많아 혼란스러운 측면이 있다. 호텔인수의 1차적 목표가 호텔업 진출인지, 부동산 투자인지, 직원연수용인지, 고객접대용인지가 불분명하다.

목표가 호텔업 진출이라면 전략적 관점에서 브랜드와 성장성을 감안해 물건을 골라야 하고, 부동산 투자를 염두에 둔 것이라면 건물은 낡고 운영이 형편없어도 위치가 좋아 값이 오를 수 있는 싼 물건을 찾아야 한다. 직원휴양소로 쓰겠다면 적당한 시설에 본사에서 멀지 않은 위치의 물건을 찾아야 할 것이고, 고객접대용으로 쓰겠다면 교통이 편리하고 시설 좋은 호텔을 인수해야 한다.

다시 말해 인수의 목표가 뚜렷하고 단순해야 이에 맞는 의사결정이 가능하다는 것이다. 이것저것 갖다 붙여서 누이 좋고 매부 좋은 식으로 하겠다는 것은, 정치적 안전판이라면 몰라도 현실적인 목표는 될 수 없다. 여러 가지 목표를 달성하려다 아무것도 안 되는 결과를 낳기 쉬운 것이다.

팀장으로서 목표를 정할 때도 마찬가지다. 한 가지에 집중해야 한다. 매출을 늘리고, 수익성 있는 고객을 확보하고, 신규사업을 구상하고, 팀원의 사기를 높이고, 우수한 직원을 채용하는 모든 것이 팀장이 추구해야 할 바지만, 이 모두를 한꺼번에 이룰 수는 없다.

따라서 일정한 기간 내에 집중적으로 추진해야 할 단순한 목표를 설정해서 조직의 역량을 집중시키고, 다음 단계에서는 목표를 바꾸는 식으로 이끌어갈 필요가 있다. 그래야 방향이 분명해지고 팀장 자신의 사고도 정리된다. 이것저것 늘어놓으면 심리적 위안은 받을지 몰라도 실질적인 추진력은 가지기 어렵다.

만약 여러 가지 목표를 설정해야 한다면 최소한 우선순위는 분명히 해야 한다. 우선적인 것과 부차적인 것을 분명히 해야 혼선을 빚지 않고 조직의 역량을 집중할 수 있다.

관념적으로 생각하면 당연하게 여겨지지만 실제로 일을 하다 보면 자주 부딪히는 문제다. 특히 생각이 복잡하고 아이디어가 많은 상사를 만났을 때, 조직은 정신없이 돌아가는데 분명하게 되는 일은 별로 없는 경우가 종종 생긴다. 이런 리더는 떠오르는 대로 지시를 하고, 생각날 때마다 챙기기 때문에 부하로서는 무엇을 먼저 집중적으로 해야 할지 감을 잡기가 어렵다. 팀장 자신의 사고가 정리되어 있지 않아 목표를 단순화하지 못하고 있기 때문이다.

한 번에 여러 마리 토끼를 잡을 수는 없다. 그러나 한 마리 한 마리씩 잡아나가다 보면 열 마리 토끼도 잡을 수 있다. 팀장이 추구하는 목표도 단순화해서 한 번에 하나씩 잡아나가야 한다.

여러 마리 토끼를 잡아야 한다면, 꼭 잡아야 할 토끼와 그렇지 않은 토끼를 구분하면 된다. 그래야 토끼 잡는 사냥꾼들이 방향을 가지고 움직일 수 있다.

14
팀원들을 말꾼이 아니라 일꾼으로 채워라

일 잘하는 사람을 우선으로 팀 조직이 구성되어야 한다.
그러나 적어도 팀장은 필요한 만큼은 말을 잘해야 한다.

회사를 다른 말로 '일터'라고 한다. 직업을 '일자리'라고도 한다. '말터'나 '말의 경연장'이 아니다. 당연히 말하는 사람보다 일하는 사람들이 큰소리쳐야 한다. 그러나 조직이 커질수록 일하는 사람보다는 말하는 사람들이 큰소리치기 쉽다. 일 잘하는 사람보다는 말 잘하는 사람이 눈에 잘 띄기 때문이다.

말 잘하는 사람이 큰소리치는 회사는 끊임없이 논의와 토론만 반복되면서 실제로 되는 일은 없는 'NATO No Action, Talk Only' 증세에 빠진다. 이런 곳에서는 일로 평가받지 못하고 말이나 논리로 평가받는 경우도 많이 있다. 말하는 사람이 많고 일하는 사람이 적으면 회사는 현실을 떠나 허황된 꿈을 좇게 된다.

일하는 사람은 현실 속에서 무엇인가를 만들어내고, 어려움을 극복해야 한다. 따라서 본능적으로 현실적 제약을 의식하고 여러 가지를 살핀다. 정연한 논리보다는 불가피한 현실론을 주장할 수밖에 없다.

반면 말하는 사람들은 말만 하면 된다. 문제가 생기면 이들은 남 탓 하는 게 주특기다. 상황이 바뀌었거나, 새로운 문제가 생겼거나, 일하는 사람들이 제대로 못했다고 주장하면 그뿐이다.

CEO나 임원들일수록 회의시간에 그럴싸한 브리핑이나 깔끔한 기획서, 기발한 아이디어를 내는 사람들을 인재로 생각하기 쉽다. 고위 간부일수록 사람들과 직접 만나고 일할 기회가 없기에, 보고하는 자리에서 주는 인상이 큰 영향을 미치는 것이다.

그러나 이런 유형의 인재와 실제로 일하고 성과를 내는 사람은 따로 있는 경우도 많다. 팀장이라면 항상 자신의 팀에 말 잘하는 사람보다 일 잘하는 사람을 우선 배치해야 한다. 팀은 실무조직이기 때문이다.

작은 조직은 한눈에 보인다. 팀 같은 소규모 실무조직에서 말하는 것은 팀장 한 명으로 충분하다. 일 잘하는 사람을 우선으로 팀 조직이 구성되어야 실질적인 성과를 낼 수 있는 것이다.

그러나 팀원과 달리 팀장은 필요한 만큼은 말을 잘해야 한다. 팀장이 팀원들의 실적을 고급 간부들에게 세일즈한다는 측면에서 실제로 거둔 실적을 명확히 알릴 수 있는 정도의 PR 능력은 필요하다는 의미다.

15
팀원들이 경험과 지식을 서로 뜯어먹게 하라

팀원들을 서로 뜯어먹게 하는 팀장이 좋은 팀장이다.
사람의 지식과 경험은 나눌수록 각자의 몫이 늘어난다.

처음으로 서울 나들이를 하는 시골 할아버지가 기차를 타고 상경해 드디어 서울역에 내렸다. 커다란 대합실에 많은 사람들이 모여 있고, 역을 나서니 온 천지를 사람들이 뒤덮고 있는 것 같았다. 수많은 인파를 보고 깜짝 놀라 마중 나온 아들에게 물어보았다. "얘야, 이렇게 많은 사람들이 도대체 어떻게 먹고산다냐?" 그러자 아들이 대답했다. "서로 뜯어먹고 삽니다."

우스갯소리지만 인간생활의 본질이 잘 드러나 있는 이야

기다. 사람들은 서로 뜯어먹으며 산다. 무인도에 사는 로빈슨 크루소가 아니라면, 사람들은 사회나 조직 속에서 자신이 가진 것을 주고 필요한 것을 받으면서 살아간다. 실제로 가치를 주지 못하고 무작정 남을 뜯는 것은, 그것이 국가든 기업이든 조폭이든 어떤 명분을 내세우고 어떤 형태를 취하더라도 폭력이라고 볼 수 있다.

이런 의미에서 좋은 팀장이란 팀원들을 서로 뜯어먹게 하는 팀장이다. 팀원들이 지식과 경험을 서로 주고받으면서 서로 역량을 키워나가는 구조를 만들라는 것이다.

사람마다 나름대로 가지고 있는 경험과 지식은 얼굴 생김새만큼이나 각양각색이다. 회사업무뿐 아니라 개인의 취미까지 넓혀보면 비록 소수의 팀원들일지라도 경험도 다양하고 지식의 폭도 상당히 넓다. 경험과 지식은 분산되어 있을 경우 아무것도 아니지만, 공유될 수만 있다면 팀원들이 서로 배우고 같이 역량을 키워나갈 수 있는 출발점이 된다.

대개 나이가 젊을수록 힘들더라도 좋은 경험을 쌓을 기회를 가지고 싶어한다. 이는 나이가 젊기에 새로운 일에 대한 호기심이 높은데다, 배울 것이 많은 업무에 참여해 좋은 경험을 쌓는 것이 자신의 경력관리에 도움이 되기 때문일 것이다. 팀장이 좋은 경험을 쌓도록 해줄 수 있다면 팀원들에게는 큰 인센티브가 될 것이다.

그러나 지식과 경험은 공유하라고 명령해서 되는 것이 아니고, 교육을 통해서도 한계가 있다. 서로 신뢰를 가진 인간관계가 출발점이고, 팀워크가 뒷받침되어야 한다. 상호 간에 신뢰가 없는 상태에서 일방적으로 지식이나 경험을 전수할 사람은 없기 때문이다.

돈을 나누면 각자의 몫은 줄어들지만, 지식과 경험은 나눌수록 각자의 몫이 늘어난다. 돈은 나누어도 총액은 그대로지만, 지식과 경험은 나눌수록 총량도 늘어나는 시너지 효과가 있다.

팀장이 돈을 줄 수는 없지만, 경험과 지식의 폭을 넓혀줄 수 있다면 팀원들 입장에서 이보다 더 좋은 일은 없다. 그리고 이런 분위기를 만드는 데 돈이 들지도 않는다. 팀장의 리더십과 팀의 분위기만 조성되면 가능하다. 팀장이 팀원들의 경험과 지식을 나누고 키워나가는 선순환구조만 만들 수 있다면, 팀의 실적과 팀원들의 사기는 걱정 안 해도 될 것이다.

16
팀원을 평가하는 나름의 기준과 방법을 가져라

사람의 신뢰성을 판단하는 나름의 기준과 방법을 가져라.
팀장 입장에서 팀을 이끌어나가는 데 큰 힘이 될 것이다.

어떤 가게의 사장이 경리직원을 채용했다. 돈을 만지는 자리기에 고심해서 뽑았지만, 실제로 신뢰할 수 있는 사람인지는 알 수 없었다. 사장은 경리에 대한 지식도 부족한 상태였다. 이런 상황에서 사장은 경리직원의 정직성을 시험하기 위한 나름의 방법을 강구했다.

경리직원이 업무에 익숙해질 즈음에 하루 영업을 마감하고 퇴근하면서 실수처럼 금고에 얼마간의 현금을 일부러 넣어둔다. 다음 날 직원이 금고에 있는 돈을 정확하게 사장에게 돌려주면 일단 합격이다. 또 시간이 흐른 후 더 많은 돈을 실수처럼 금고에 놔둔다. 마찬가지로 직원이 돈을 돌려주면 신뢰할 수 있는 사람이라고 판단하는 것이다.

만약 실수로 넣어둔 돈이니 사장이 모를 것이라고 생각하고 직원이 꿀꺽 하면, 전혀 내색 않고 있다가 적당한 시점에 해고한다. 사장이 경리지식을 배워 경리직원을 관리하는 것이 어려운 상황에서 손쉽고 정확하게 경리직원의 신뢰성을 테스트 할 수 있는 방법이다. 실제로 이 사장은 수십 년 동안 사업을 해오면서 경리직원 때문에 문제가 생긴 적이 없었다고 한다.

팀장이라면 회사에서 형식적으로 팀원을 평가하는 것 이외에 나름의 기준과 방법을 가지면 유용하게 활용할 수 있다. 팀원의 성실성과 신뢰성은 시간을 두고 관찰하면 알 수 있지만, 늦지 않게 팀원들에 대한 판단을 내릴 수 있다면 더욱 좋기 때문이다.

특히 돈을 다루는 부서의 팀장이라면 신뢰성을 확인할 수 있는 나름의 방법이 중요하다. 돈을 다루는 부서에서는 사람에 대한 사소한 판단미스도 커다란 재앙으로 발전할 수 있다.

직장생활 하는 사람들보다 사업하는 사람들이 상대방의 신뢰성 여부를 훨씬 중요하게 생각하며, 믿고 거래할 수 있는 사람인지를 예민하게 판단한다. 사람에 대해 오판한다는 것은 곧 금전적 손실을 의미하기 때문일 것이다.

그래서인지 사업을 오래 하고 사람을 많이 다루어본 사람은 사람을 평가하는 나름의 노하우가 아주 풍부하다. 이런 점은 팀장 이상의 간부가 되어 사람을 다루는 일의 중요성이 커진다면 반드시 배워야 할 점이다.

사람을 읽어내는 방법은 자신의 경험으로 얻는 것이 가장 좋지만, 다른 사람의 경험도 충분히 활용 가능하다. 어떤 형식이든 사람의 신뢰성을 판단하는 나름의 기준과 방법을 가질 수 있다면, 팀장 입장에서 팀을 이끌어나가는 데 큰 힘이 될 것이다.

17
쥐어짜야 할 건 노동력이 아니라 자존심이다

팀장이 노동력을 쥐어짜면 팀원들은 일당받는 노동자가 된다.
팀장이 자존심을 쥐어짜면 팀원들은 연봉받는 전문가가 된다.

프로야구 해태, 쌍방울, 두산, 한화를 거치며 2009년 월드베이스볼클래식WBC에서 결승에 진출해 '국민감독'이라는 칭호를 얻은 김인식 감독은 현역시절 덕장德將으로 유명했다. 그는 선수들을 다그치지 않으며 믿고 맡기면서도 좋은 성적을 거두는 스타일로, 야신 김성근 감독과는 다른 듯하면서 비슷한 지도자로 평가받는다. 김성근 감독이 약한 팀을 맡아 강한 팀으로 변모시키는 것으로 유명하듯이, 김인식 감독도 '재활용품 공장장'이라는 말을 들을 정도로 버려지다시피 한 선수들을 일으켜 세워 강한 팀으로 만드는 탁월한 실력이 있었다.

김인식 감독은 '일단 믿고 맡기되, 실수가 쌓이는데도 반성하지 않으면 냉혹해지는 칼을 품은 덕장'으로 평가받는다. 그는 돈이 기본인 프로선수들도 자부심을 인정받으면 더 큰 에너지를 발휘한다며 "힘으로 누르는 건 쉽지만 오래가지 못한다. 가슴을 움직이는 건 그 자체도 힘들지만 알아주는 선수도 많지 않다. 하지만 장점도 있다. 한번 움직여 놓으면 자동이고, 사후관리도 필요 없다."라는 관점에서 팀을 이끌었다.

이런 맥락에서 "야구는 마인드게임이다. 90% 이상이 마인드이고 나머지 10%만이 실력과 체력이다."라는 미국 프로야구 뉴욕양키스 출신의 전설적인 야구선수 요기 베라의 말은 일맥상통한다.

"김 감독은 믿고 맡기되, 실수가 쌓이는데도 반성하지 않으면 냉혹해지는 칼을 품은 덕장이다." 경제주간지 〈이코노미스트〉 서광원 기자의 '김인식 리더십'에 대한 평이다. 돈이 기본인 프로선수들도 자부심을 인정받으면 더 큰 에너지를 발휘한다는 이야기다.

자신을 일당받는 노동자라고 생각하는 사람들이라면, 주어진 시간에 일을 시키고 게으름 피우지 않도록 감시·감독하는 것이 중요하다.

그러나 일정한 교육을 받은 사람들이 모인 조직이라면 이야기가 달라진다. 책임감과 자부심을 인정하고 이에 걸맞은 행동을 하도록 하는 것이 핵심이다. 육체노동자의 업무성과는 작업 시간에 비례하지만, 정신노동자는 업무 집중도에 비례한다. 따라서 집중도를 높이고 창의성을 발휘해야 하는 조직의 팀장은 공사판 십장과는 다르게 접근을 해야 한다.

인간이란 자부심과 책임감을 가졌을 때 최선을 다하는 존재다. 인간에게 가장 강력한 동기는 이기심에 근거한 경제적 인센티브지만 이는 필요조건이고, 충분조건은 자부심과 책임감에 바탕을 둔 가치관이다.

잘되는 회사와 탁월한 리더는 '돈'과 '가치관'이 가지는 2가지 힘의 균형을 안다. 균형을 이해하면 외눈박이 물고기처럼 한 가지만 본다. 금전적 보상과 공통된 가치관이란 기업조직을 굴러가게 하는 두 바퀴다.

조직원들에게 합리적 · 경제적인 인센티브를 제시하지 못하고, 실체 없는 혁신구호를 외치는 기업에서 이룰 수 있는 실질적 발전은 없다. 마찬가지로 돈의 배분구조는 있으나 합리적 가치관과 보편적 지향점이 없는 기업 역시 생명력이 길지 않다. 이는 과거 머니게임으로 한탕 하고 사라진 수많은 벤처기업들에게서 볼 수 있었던 현상이다. 기업공개가 되면 목돈을 챙긴 대주주 · 경영진 · 직원들 모두 앞다투어 회사를 떠나고, 회사는 껍데기가 되는 일이 비일비재했다.

팀원을 위한 금전적 보상구조는 팀장이 아니라 경영진이 만드는 것이다. 그러나 팀원에게 1차적으로 자부심과 책임감을 부여하는 사람은 팀장이다.

기업의 비전과 경영진의 역량은 팀원들이 직접 접하기에는 너무 먼 거리에 있다. 팀원 입장에서는 얼굴을 맞대고 업무를 같이 하는 팀장의 역량에 따라 조직생활의 자부심과 책임감을 1차적으로 느낄 수밖에 없는 것이다.

팀장이 노동력을 쥐어짜려 하면 팀원들은 일당받고 주어진 시간만 일하는 노동자가 된다. 그러나 팀장이 자존심을 쥐어짜면 팀원들은 연봉받는 전문가의 집단이 된다. 팀장 자신이 이끌어갈 조직이 어떤 방향으로 가야 할 것인지를 생각해 보면 답이 나올 것이다.

18
능력은 고정된 것이 아니라 상황에 따라 발휘된다

인간의 능력은 고정된 것이 아니라 상황에 따라 달리 발휘된다.
좋은 팀장은 팀원들이 능력을 발휘하고 싶은 여건을 만들어준다.

"나는 이른바 '용감성'에 대한 개인차가 사실은 대단한 것이 아니라고 생각한다. 그러나 한 개인이 조건 여하에 따라 용감해지고 비열해지는 폭은 대단히 심한 것 같다. '쥔 병아리'란 말이 있지만 승승장구할 때는 거칠 것 없어 보이던 용사가 일단 패퇴하기 시작하면 쥐 소리에도 놀라 도망치는 겁쟁이가 되어버린다. 자신이 가진 힘을 의식할 여유까지 없어지고 마는 것이다.

반대의 경우도 마찬가지다. 말할 수 없이 비열하던 병사가 어떤 기회에 자신의 능력을 발견한 후부터 갑자기 용감한 병사로 바뀌어버리는 예는 허다하다. 집단인 경우도 마찬가지다. 같은 한국인이 무작위로 모인 부대인데 특별히 용감한 병사만 모인 부대나 겁쟁이만 모인 부대가 따로 있을 턱이 없는 것이다."

6·25전쟁 당시 5년여간 지리산에서 빨치산 생활을 했던 분의 수기인 『남부군』에 나온 체험담이다.

나는 이 책을 읽으면서 극한상황에서 전투를 벌이는 일종의 특수부대인 빨치산 전투원조차도 상황에 따라 커다란 능력 차이를 낸다는 점이 흥미로웠다.

임진왜란에서 나라를 구한 이순신 장군과 함께 싸웠던 부대와 원균이 칠천량해전에서 지휘한 부대는 동일하지만, 이순신 장군은 23전 23승을 거둔 반면, 원균은 단 한 번의 해전에서 패해 조선수군을 괴멸시킨다.

사람의 능력이 상황에 따라 발휘되는 것은 기업에서도 자주 있는 일이다. 똑같은 팀 구성원인데도 팀장이 바뀌면서 커다란 성과 차이를 내는 경우가 종종 있다. 프로젝트에서 믿고 신뢰할 수 있는 사람이 팀장이 되면 사람들은 최선을 다해 일하지만, 신뢰성 없는 거짓말쟁이가 팀장이 되면 팀장 잘되는 것이 꼴 보기 싫어서라도 면피할 구실만 찾는다.

흔히 사람의 능력은 무한하다고 한다. 하지만 이는 인간의 능력이란 고정된 것이 아니라 상황에 따라 달리 발휘되는 것이라고 이해하는 것이 정확하다고 생각한다.

탁월한 리더란 추종자들이 자신의 능력을 최대로 발휘할 수 있는 상황과 여건을 만들어주는 사람이다. 앞서가는 팀장이라면 팀원들이 능력을 최대로 발휘하고 싶은 여건을 조성해주어야 한다.

팀장 자신이 일을 하면 한 사람이 열심히 하는 것이지만, 팀원들에게 일하는 분위기를 만들어주면 몇 십 명이 열심히 할 수 있다. 거기다 팀원들이 최선의 노력을 하는 여건까지 만들어줄 수만 있다면, 팀장은 수십 명의 인원으로 수백 명에 상응하는 성과를 낼 수 있다.

19
자신에게 이익이 될 때 사람들은 적극적이다

인센티브 구조가 없이 실질적 업무력 향상은 기대하기 어렵다.
팀의 실적향상이 곧 나의 이익이 된다는 연결고리를 부여하라.

책 읽고 글이나 쓰면서 "감 놔라, 배 놔라." 하고 떠들기만 하는 백면서생이나 책상물림들이 생각하는 세상과 현실의 비즈니스 세계는 완전히 다르다. 비즈니스 세계는 허울 좋은 꿈이 아닌 냉혹한 현실을 살아가는 곳이다. 냉혹한 현실의 핵심은 사람들은 전부(대부분이 아니라) 이기적이라는 사실이다.

여기서 '이기적'이라는 말의 개념은 사람들은 자신의 생존 가능성이 커지는 것을 '이익'으로, 작아지는 것을 '손해'로 본다는 뜻이다.

생존 가능성의 핵심은 '식량과 안전'이다. 이런 관점에서 회사 직원들의 이익은 '돈을 많이 받거나, 오래 다닐 수 있는지'의 여부다. 다시 말해 직원들의 인센티브는 기본적으로 '돈과 안정성'의 2가지로 귀결되고 팀장도 직원이기에 이것은 마찬가지다.

회사에서는 비전 · 팀워크 · 헌신성 같은 항목들이 표면적으로 강조되지만, 실제로 직원들 입장에서 보면 '돈과 안정성'이라는 인센티브가 가장 강하게 작용한다. 승진 · 부서이동 등의 항목도 결국은 이 2가지와 연결된 것이기 때문이다. 따라서 팀장이라면 팀원들에게 적용되는 인센티브 구조를 먼저 정확하게 이해하고 팀 내부에서 일치시켜야 한다.

비전이니 회사에 대한 헌신이니 하는 덕목들조차 팀원 개개인의 인센티브와 연결될 때 의미를 가진다. 비전을 열심히 추구하고 회사에 헌신했는데 자신들에게 돌아오는 것은 아무것도 없다면, 팀원들로부터 표면적 동조는 몰라도 내면적 헌신을 이끌어내지는 못한다.

팀장이라면 팀원들이 자신의 리더십을 인정하고 성과를 냈을 때 '돈과 안정성'이라는 2가지 인센티브를 어떻게 적용할 것인지를 가능한 선에서 명확히 할 필요가 있다. 이것은 사후적으로 친한 사람 봐주기 위한 것이 아니라 사전적으로 팀원들의 헌신을 끌어내기 위한 것이다.

그리고 팀장 자신이 조직관리 하면서 회사의 인센티브 구조에 문제가 있다고 생각되면, CEO나 임원에게 이러한 부분을 지적해야 한다. 공기업이라면 몰라도, 강한 경쟁자와 시장에서 생존을 건 전투를 벌이는 민간기업에서 기본적 인센티브 구조가 없이 실질적 업무력 향상은 기대하기 어렵다.

팀장이 되어 팀원들을 다루려 한다면 인간의 본질을 분명히 이해해야 한다. 분명한 것은 사람들은 자신들에게 이익이 될 때 가장 적극적이라는 점이다. 표면적으로 아무리 좋은 말로 떠들어도 실질적 인센티브 구조가 뒷받침되지 않는다면 공염불이고 비웃음거리밖에 되지 않는다.

회사의 성장이 곧 나의 발전이고, 팀의 실적 향상이 곧 나의 이익이 된다는 연결고리가 없는 상태에서 진정으로 자신의 업무에 관심을 가질 사람은 거의 없다고 보면 된다.

보통 중간관리자에 불과한 팀장이 팀원들에게 인센티브를 부여하는 범위는 분명히 한계가 있지만, 팀장은 인센티브구조의 본질을 이해하고 자신의 권한범위 내에서라도 적극적으로 반영해야 한다.

르네상스 시대의 정치사상가 마키아벨리는 이렇게 말했다.

"어떤 사업에 참가하는 모든 사람이, 내용은 제각기 다르다 해도 그것이 자기한테 이익이 된다고 납득하지 않으면, 어떤 사업도 성공할 수 없고 그 성공을 영속시킬 수도 없다."

20
노는 팀장이야말로 유능한 팀장이다

권한의 적절한 위임과 관리가 팀장으로서 성공하는 핵심이다.
팀원들에게 일을 적절히 배분하고 효과적으로 관리해야 한다.

상사를 '똑부 · 똑게 · 멍부 · 멍게'의 유형으로 나눈 이야기가 직장인 사이에 공감을 얻은 적이 있다.

1위 _ 똑게: 똑똑하고 게으른 중간관리자

2위 _ 똑부: 똑똑하고 부지런한 중간관리자

3위 _ 멍게: 멍청하고 게으른 중간관리자

4위 _ 멍부: 멍청하고 부지런한 중간관리자

조직과 부하직원 입장에서 봤을 때 도움이 되는 순서인데, 게으르면 최악의 중간간부는 면할 수 있고, 상사로서는 부지런한 것보다는 게으른 것이 좋다는 점이 흥미롭다. 실제로 멍청하고 부지런한 상사를 만나면 몸은 엄청나게 바쁜데 성과는 대개 형편없다.

그러나 여기서 게으르다고 표현한 것은 나태하다는 것이 아니라 아랫사람에게 위임을 많이 한다는 의미로 해석해야 한다.

중간관리자 이상이 되면, 자신이 직접 일을 하기보다는 부하들에게 일을 적절히 배분하고 효과적으로 관리하는 것이 더욱 중요하다. 즉 권한의 적절한 위임Empowerment과 관리가 팀장으로서 성공하는 핵심요소다.

위임을 위해서는 다음과 같은 원칙들이 필요하다.

첫째, 위임하기 전에 사전 테스트는 필수적이다.

권한을 위임하고 책임을 나누는 것은 조직효율성을 위해서 필수적인 과정이다. 그러나 최소한의 능력을 갖추지 못한 사람에게 위임하면 업무의 차질이 생기는 것은 피할 수 없고, 도덕적으로 검증되지 않은 사람에게 위임하면 사고위험이 도사린다. 위임하기 전에 능력과 도덕성을 검증해야 한다.

둘째, 위임의 의미를 분명히 이해시켜라.

위임한다고 팀원들이 모두 좋아하는 것은 아니다. 소극적인 팀원들은 오히려 팀장의 위임에 대해서 부담감을 느끼고 거부할 수도 있다. 팀장의 업무를 부하에게 떠맡긴다고 오해할 가능성도 있는 것이다.

따라서 위임의 배경과 의미를 이해시키고, 팀원 입장에서 위임된 업무의 수행을 통해서 얻을 수 있는 경험과 성과에 대해서 분명히 설명해야 한다. 팀원이 자신의 능력을 인정받아 권한을 위임받았다고 생각한다면 태도가 달라질 것이다.

셋째, 책임을 분명히 한다.

원칙적으로 업무의 책임은 팀장에게 있다. 그렇다고 위임받는 팀원이 책임에서 자유로운 것은 아니라는 사실을 분명히 해야 한다. 사람이란 책임이 있어야 진지해지는 법이다. 위임하면서 “책임은 내가 지는 것이니 당신은 일만 열심히 하시오."라고 하면 책임감이 생길 수 없다.

"원칙적으로 책임은 나에게 있지만, 이 업무를 위임하니 당신에게도 실무적 책임은 분명히 있다."라고 말하는 것이 옳다. 원칙적으로 위임한 업무에 대해서는 상사로서 지원과 조언이 전부이며, 도중에 개입하지 않을 것임을 분명히 하는 것이 좋다.

넷째, 관심을 계속 가지고 정기적으로 확인하라.

위임한 업무에 대해서 계속 간섭한다면 권한이양이라는 위임의 의미가 퇴색된다. 위임이란 믿고 맡기는 것이다. 일단 믿어라. 그러나 위임 초기에 관심은 계속 가지고 지켜보아야 한다. 그리고 정기적으로 확인하는 절차를 만들어서 업무의 품질은 유지시켜야 한다.

맡기고 잊어버린다면 위임이 아니라 방치하는 것이다. 호수 위를 유유히 떠다니는 백조가 물속에서는 끊임없이 다리를 움직이고 있듯이, 겉으로는 여유를 가지고 있으면서 실제로는 끊임없이 관심을 가져야 한다.

다섯째, 인내심을 가져라.

팀장은 위임시킨 업무가 본궤도에 오르기까지 인내심을 가져야 한다. 성질 급한 사람이라면 자신이 직접 하는 것을 훨씬 편하게 생각할 수 있지만, 위임이란 시스템을 만들어가는 과정이다.

팀 내부의 업무를 분담해 관리하기 위한 것이기 때문에 인내심을 가지고 접근해야 한다. 인내심이 없다면 위임은 형식적으로 해놓고 실제 간섭이 지속되는 상황을 피할 수 없다.

위임은 일상적이고 표준화된 업무에 대한 권한을 아래로 내리고, 팀장은 수준 높은 업무나 새로운 혁신방안에 집중함으로써 팀 전체의 시스템을 정립하고 업무효율성을 높이는 방식이다.

따라서 위임할 줄 모르는 팀장은 리더가 아니라 주어진 일을 반복하는 작업반장에 불과하게 된다. 이런 점에서 위임은 팀장의 선택이 아니라 의무라고 할 수 있다.

21
유능한 부하를 키워내면 팀장도 그만큼 큰다

부하의 성장이 곧 자신의 불행이라는 생각은 즉시 버려라.
부하를 키우는 것이 곧 자신이 크는 것임을 알아야 한다.

팀장의 힘은 부하의 힘이다. 유능한 팀장이라도 혼자서 모든 일을 처리할 수 없다. 잠 안자고 열심히 일해서 혼자 팀 전체 업무를 처리할 수 있는 팀장이 있다고 하더라도, 이러한 경우 팀장은 일상적인 업무에 매몰되는 것을 피할 수 없다. 혼자서만 유능한 팀장에게는 유능한 사람이 필요하지도 않을뿐더러 유능한 사람이 모이지도 않는다.

부하의 성장이 곧 자신의 불행이라고 생각하는 사람이 있다. 이런 사람들은 업무상 중요한 회의에도 가능한 혼자 참석하고, 중요한 고객과도 혼자만 만나고, 핵심적인 정보도 부하 직원과 공유하지 않는다. 업무지시도 필요한 부분만 분리해서 개별적으로 하기 때문에 직원들은 업무흐름을 이해하지 못하고 업무를 수행하는 경우가 많다.

이런 유형의 상사는 부하들의 성장을 일종의 위협요소로 이해하고 있는 것이다. 부하의 성장은 곧 자신의 불행이라고 생각하는 졸렬한 상사는 현재 위치를 사수하는 것 외에는 관심이 없는 사람이다.

이런 상사 밑에서 유능한 직원은 버틸 수도 없을 뿐더러 모여들지도 않는다. 젊은 직원들이 좋은 경험과 역량을 키울 수 있도록 기회를 주는 것은 당장 눈앞의 돈보다도 커다란 인센티브로 작용한다. 그러니 자신의 성장에 전혀 도움이 되지 않는 상사 밑에서 재능을 썩힐 사람은 없다.

부하들이 성장해서 자신의 자리를 위협할 것을 의식해 부하들의 능력을 고정시킨다고 자신의 자리가 보장되는 것은 아니다. 회사에서 팀이 하나밖에 없다면 몰라도, 여러 개의 팀과 조직이 있기 때문이다. 다른 부서에서 역량을 키운 후배나 동료가 언제든지 자신의 자리를 차지할 수 있다. 중견간부라면 상황을 초급직원의 정태적 시각이 아니라 동태적으로 이해해야 한다.

팀장이 되었다면 부하를 키우는 것이 곧 자신이 크는 것임을 알아야 한다. 조직의 장이 가진 능력이란 자신과 함께 일하는 부하들의 능력이 합쳐진 것이다. 따라서 부하들의 능력을 키우는 것은 곧 자신의 능력을 키우는 일이다.

이러한 과정에서 부하들과 쌓인 신뢰관계는 직장생활을 하는 동안 서로에게 무형자산이 된다. 부하들 입장에서도 자신이 성장할 수 있는 기회를 준 상사만큼 고마운 사람은 없게 마련이다.

팀장이 혼자서만 잘되겠다고 하는데, 이를 진심으로 지원할 부하직원을 찾기란 불가능할 것이다. 반면 팀장이 같이 성장하고 같이 잘되자고 하는데, 이를 반대할 부하직원은 없을 것이다.

22
팀원의 실패에서도 반드시 배워라

합리적인 조직은 실패의 책임을 물어 사람을 끝장내지 않는다.
실패를 통해 얻은 교훈을 활용할 수 있는 재기의 기회를 준다.

산악인 엄홍길은 동양인 최초이자 세계 8번째로 히말라야의 8천m 이상 14개 봉우리를 정복했다. 1985년부터 16년 동안 고봉을 오르면서 공교롭게 14번 성공하고 14번 실패했다. 28번 시도에 14번 성공했으니 성공률 50%인데, 안나푸르나는 4번 실패하고 5번 만에 오르기도 했다. 엄홍길은 연이은 실패에서 배우고 강해지면서 대기록을 세울 수 있었다.

기업에서도 찬란한 성공 뒤에 뼈아픈 실패가 숨어있기는 마찬가지다. 그러나 실패를 교훈삼아 무형자산으로 만드는 조직과 그렇지 않은 조직의 차이는 크다. 이런 점에서 고대 로마인들이 전쟁에 패한 지휘관을 처벌하지 않은 것은 시사점이 크다.

고대에서도 전쟁은 자주 일어났고, 전쟁에 패한 장수는 참수형이나 십자가형에 처하는 것이 일반적이었다. 그러나 로마는 달랐다. 전쟁에 패한 장수를 죽이거나 처벌하지 않았고, 오히려 명예회복의 기회를 주는 일조차 있었다.

로마인이 적에게 포로로 붙잡혔던 사람이나 사고책임자에게 다시 지휘를 맡긴 것은 단순히 명예 회복의 기회를 주려는 온정 때문이 아니라, 실패를 인정함으로서 공동체가 얻는 다음과 같은 3가지 실질적 이익을 이해하고 있었기 때문이다.

첫째, 지휘관들이 잡다한 걱정에 시달리지 않고 임무에 전념할 수 있었다. 둘째, 실패의 책임을 놓고 싸우면서 조직의 에너지를 소진시키지 않아도 되었다. 셋째, 실패를 통해 얻을 수 있는 경험과 교훈을 조직의 무형자산화 함으로써 똑같은 실수를 줄일 수 있었다. 로마는 실패자의 경험을 무형자산으로 만든다는 점에서 탁월했다.

합리적인 조직은 실패의 책임을 물어 사람을 끝장내지 않는다. 최선을 다했음에도 일을 그르칠 수 있다는 가능성을 인정하기 때문이다. 그리고 실패를 통해 얻은 교훈을 활용할 수 있는 재기의 기회를 준다.

반면 비합리적 조직은 충분히 있을 수 있는 실패조차도 책임을 묻는다. 따라서 실패를 통해 얻은 경험과 교훈이 조직의 자산이 될 수 없어, 소중한 경험은 실패자와 함께 잊힌다.

어떤 조직이건 성공만 있을 수는 없다. 기업의 세계란 크고 작은 성공과 실패의 연속이기 때문이다. 그리고 기업에서의 성공과 실패는 도박에서의 성공과 실패와는 다르다. 기업경영에서는 합리적으로 예측하고 최선을 다해도 결과가 나쁠 수 있다. 따라서 도박에서는 그때 그때의 운에 맡긴다. 따라서 도박의 실패는 단순한 확률이지만, 기업경영의 실패는 활용여하에 따라 소중한 자산이 된다.

팀장은 자신의 실패에서도 배워야 하지만, 팀원의 실패도 조직의 무형자산으로 만드는 시각이 필요하다. 그리고 이러한 시각은 팀장을 넘어 높은 직급에서 일할수록 큰 힘을 발휘한다.

팀장이 실패에서 배우는 자세를 가지면 팀원의 실패경험은 조직의 똑같은 실패를 막는 무형자산이 된다. 그러나 팀장이 실패에 민감해 책임소재만 따진다면, 팀원들은 면피에만 급급하고 똑같은 실패와 실수는 반복될 것이다.

GE의 잭 웰치 전 회장은 "일류기업과 이류기업의 차이는 똑같은 위기를 2번 겪느냐에 달려 있다. 위기를 극복하는 과정에서 위기에 대한 백신을 개발할 수 있느냐의 여부가 일류기업을 결정짓는 잣대다."라고 말했다.

실패는 누구나 하지만, 실패에서 배우는 것은 아무나 하는 것이 아니다. 자신의 실패에서도 배우지 못하는 자는 얼간이에 불과하지만, 타인의 실패도 조직의 자산으로 만들 수 있는 사람은 일류조직의 리더가 될 자격이 있다.

23
정보에 대한 감수성을 길러라

정보감수성이란 정보해석에 대한 의식적인 훈련의 산물이다.
정보감수성을 가지려면 많이 읽고 생각하는 것이 핵심이다.

팀장은 소집단의 리더로서 결정하는 사람이다. 제때 올바른 결정을 내린다는 것은 말처럼 쉽지 않고, 특히 우유부단한 성격을 가진 사람에게는 상당히 고통스러운 일이다.

그리고 올바른 의사결정은 의지만 가지고 되는 것이 아니라 합리적 판단력의 바탕 위에 적절한 정보와 지식이 뒷받침될 때 가능한 것이다. 판단력을 갖춘 팀장일지라도 필요한 지식과 정보가 없으면 지도 없는 탐험가와 같다.

리서치를 해본 사람은 누구나 느껴봤을 테지만, 어떤 주제라도 관련된 자료는 찾을수록 끝이 없고, 아무리 찾아도 딱 들어맞는 것은 좀처럼 없다. 중요한 것은 일정시점에서 막연한 리서치를 멈추고, 입수한 자료를 이해하고, 중요성을 판단해서 정리한 다음, 필요한 정보를 생산해내는 것이다.

이 때 필요한 것이 정보에 대한 감수성이다. 방대한 정보가 인터넷에 흘러다니는 시대에 막연하게 정보를 검색해서는 시간도 많이 들고, 중요한 핵심정보를 놓치기도 쉽다.

인터넷에 아무리 정보가 많아도 필요한 정보를 감지하고 중요성을 판단하는 능력이 없다면, 인터넷시대 정보의 홍수는 오히려 재앙으로 작용해서 정작 필요한 정보는 항상 부족한 역설적 상황에 빠지게 된다.

특히 팀장의 정보감수성은 팀 전체의 효율성에 큰 영향을 미친다. 정보감수성이 있는 팀장은 팀원들에게 필요한 정보를 가능한 수준에서 수집할 수 있는 방향을 제시하고 자신이 정보의 중요성을 판단하기에 시간과 비용 면에서 팀 전체의 효율성을 높인다.

반면 정보 감수성이 무딘 팀장은 팀원들에게 막연한 리서치를 계속하게 하지만, 중요성이 대한 판단기준이 흐리기에 항상 필요한 정보는 빈곤하고, 정보를 얻는 시간과 비용도 많이 들 수밖에 없다.

팀장에게 필요한 정보감수성을 가지려면 많이 읽고 생각하는 것이 핵심이다. 정보감수성이란 미각이나 청각과 같은 단순한 감각이 아니라, 정보해석에 대한 훈련의 산물이기 때문이다. 훈련과정이란 꾸준히 관련된 정보를 접하고 생각해보면서, 가능하면 아이디어가 현실에 적용되는 과정까지 지켜보는 것이다.

정보감수성을 키운다는 관점에서 가장 좋은 방법은 신문을 꼼꼼히 읽는 것이다. 어떤 사회에서나 정상급 신문을 만드는 사람들은 가장 우수한 인재들이다. 이 사람들이 하루 동안 생긴 일을 압축해서 정리한 결과가 신문이고, 신문에는 매일매일 정치에서 스포츠까지 다양하고 방대한 분량의 정보가 실린다.

혹 아무나 볼 수 있는 신문으로 차별적인 경쟁력이 생기겠느냐는 의문을 가진다면, 이는 잘못 생각하고 있는 것이다. 똑같은 신문이라도 보는 사람의 내공에 따라 정보를 습득하는 정도는 천차만별이기 때문이다.

한글이나 깨쳐서 연예면과 스포츠면만 보는 사람에게 신문이 주는 의미와 기획기사 · 칼럼 · 논설을 읽고 그 관점을 생각해볼 수 있는 사람에게 신문이 주는 의미는 같을 수 없다.

신문을 제대로 읽는 습관을 갖추었다면 책 읽는 습관을 들이는 게 다음 순서다. 넓은 범위를 다루는 신문은 아무래도 깊이에 한계를 가지기 때문에 필요한 정보를 얻기 위해 책을 읽는 것은 필수적이다.

어떤 분야든 정당하게 경쟁해서 당당하게 성공한 사람들의 공통점은 책을 가까이 하는 것이었다. 책 읽는다고 모두 성공하는 것은 아니지만, 책을 멀리하는 사람이 성공하기는 어렵다고 본다.

팀장이라면 팀원들의 정보감수성을 키워주는 역할도 무시해서는 안 된다. 입사 후 조직생활 초기에 신문과 책 읽는 습관을 가지는 것은 장기적으로 개인은 물론 조직의 경쟁력과도 직결된다.

따라서 팀장이라면 자신이 먼저 읽고 생각하면서 정보감수성을 키우고, 나아가 팀원들에게 신문과 책을 읽히고 생각하게 해야 한다. 그것이 바로 팀의 경쟁력을 키워가는 요체다.

24
허황된 명분에 속지 말고 현실을 냉철히 인식하라

허황된 명분이 앞서 합리적인 인과관계를 경시하는 경우가 있다. 팀장은 이러한 인과관계에 대한 자신의 통찰력을 키워나가야 한다.

『철학에세이』라는 책에 '바람이 불면 통 장수가 돈을 번다.'는 일본 우화가 소개되어 있다. '바람이 분다 → 모래가 날려서 사람의 눈에 들어간다 → 장님이 많아진다 → 장님이 샤미센(고양이 가죽으로 만드는 악기)을 연주해서 살아간다 → 샤미센에 쓰이는 고양이 가죽이 늘어난다 → 고양이가 감소하고 쥐가 늘어난다 → 쥐가 통을 갉아먹어 통 주문이 증가한다 → 통 장수가 돈을 번다'는 논리다.

바람 부는 것이 원인이 되어 통 장수가 돈을 버는 결과로 이어지는 인과관계가 나타나 있지만 실제 우리의 경험과 맞지는 않는다. 인과관계가 있다고 하더라도 약한 인과관계를 확대해석해서 몇 단계를 거치다 보니 엉뚱한 결론이 유도되는 것이다. 언뜻 논리적으로 보이지만, 인과관계의 핵심을 꿰뚫고 있지 못할 때 흔히 보이는 현상이다.

지금도 '웃으면 살이 빠진다.'나 '와인이나 초콜릿을 먹으면 수명이 몇 년 늘어난다.'는 식의 기사를 자주 접한다. 살이 빠지는 이유 중에 웃는 것도 있을 수 있지만, 운동이나 식이요법과 같은 결정적 이유는 아닐 것이다. 와인이나 초콜릿을 먹으면 수명이 늘어난다는 것도 마찬가지다. 호사가들이 좋아하는 이런 연구결과를 실제로 이를 진지하게 믿는 사람은 드물다.

그러나 기업현실에서는 허황된 명분이 앞서 이러한 인과관계가 경시되는 경우가 있다. 기업에서 조직생활을 해보지 않은 백면서생들이 흔히 사회적 책임, 투명경영과 같은 명분을 앞세워 고객에서 출발해 기업실적으로 이어지는 인과관계를 왜곡하고 있는 것이다.

수요 · 생산 · 공급 · 유통에 걸치는 기업활동의 전 과정은 나름의 인과관계와 연결고리를 가지고 있다. 소비자의 기호를 변화시키는 수십 가지 원인 중 가장 결정적인 것을 찾아내고 이를 활용하는 것이 마케팅이고, 생산성을 저하시키는 다양한 원인 중 가장 중요한 것을 가려내 개선시키는 것이 생산관리다.

부동산가격을 변화시키는 요인 중 가장 결정적인 변수는 움직였을 때 매매시점을 포착하는 것으로, 이는 투자의 핵심이다. 한 수 한 수가 원인이 되고 결과를 낳는 바둑에서, 고수는 몇 수 앞을 내다보지만 하수는 한 수 앞도 내다보지 못하는 것도 마찬가지다.

기업활동이란 매출과 수익에 영향을 주는 결정적 변수를 끊임없이 찾아내고 혁신해나가는 것이다. 그러므로 다양한 인과관계의 핵심을 짚어내는 것이 간부진의 본질적 임무다.

팀장이라면 인과관계에 대한 자신의 통찰력을 키워나가야 할 때다. 현실을 꿰뚫는 통찰력이 없으면 '바람이 불면 통 장수가 돈을 번다.'는 식의 이치에 맞지 않는 억지주장을 하거나, 기껏 남의 이야기에 장단 맞추는 것이 고작일 것이다.

사회생활의 내공은 인과관계의 핵심을 이해하는 것이라고 생각한다. 세상만물이 원인과 결과에 따라서 움직이지만, 이러한 움직임의 가장 결정적인 연결고리를 알고 있는 사람만이 기회를 포착하고 제대로 활용할 수 있기 때문이다.

조직생활을 하는 팀장이라면 자신의 업무범위에서 조직의 성과를 높이는 인과관계를 정확히 이해하는 것이 핵심이다. 팀장에게 이것이 없다면 팀원들이 열심히 일은 하면서도 실적은 나지 않고 계속 변죽만 울릴 수밖에 없을 것이다.

3장

팀원들을 효과적으로 다루는
팀장이 되어라

25
팀원들의 인기를 의식하는 연예인이 되지 말라

팀장은 연예인이 아니라 실적으로 먹고사는 경영자다.
팀장이 팀원들의 인기를 의식하게 되면 그 조직은 위험하다.

인기가 있는 것과 인정받는 것은 다르다. 조직의 장이 되기 위해 인기를 의식할 수는 있지만, 조직의 장이 인기를 의식하게 되면 그 조직은 위험하다.

허영과 야심도 마찬가지 관점에서 생각해 볼 수 있다. 야심野心, Ambition은 뭔가를 해내고 싶어하는 의지이고, 허영虛榮, Vanity은 남들에게 칭찬받고 싶다는 소망이다.

리더로서 성공하려면 야심은 보약이지만 허영은 독약이다. 야심의 출발점은 자신의 내면이지만 허영은 변덕스러운 타인들의 찬사이기 때문이다.

정치인들이나 연예인들은 대중의 인기로 먹고 사는 사람이다. 사람들은 대중매체에 비춰진 이들의 모습과 말투를 보고 호감을 가지거나 지지자가 된다. 그러나 매체에 비춰진 이미지와 실체는 사실 별개의 문제다. 정치인들이 몇 개의 이벤트로 자신을 포장해서 만들어낸 이미지가 특정사건을 계기로 밝혀진 실제와는 동떨어져 있는 경우를 우리는 너무나도 흔히 볼 수 있다.

불특정 다수의 호의적 이미지가 성공요소인 정치인들은 이미지 조작으로 충분히 자신이 목적하는 바를 달성할 수도 있다. 그러나 기업은 다르다. 기업은 숫자로 나타나는 실적을 뛰어넘는 이미지를 가공해낼 수는 없다. 시장이 버티고 있기 때문이다.

명확한 비전이 없는 선동적 지도자가 인기를 의식한 여론정치에 빠져들기 시작하면 공동체는 중심을 잃고 방황하기 쉽다. 대중이란 실체에 대한 이해보다는 몇 가지 이미지에 매몰되기 십상이고, 그나마 죽 끓듯 변덕스럽기 때문이다.

기업도 마찬가지다. 기업은 투표를 해서 의사결정을 하는 곳은 아니지만, 직원들에게 인기 있고 사랑 받는 경영자가 운신의 폭이 넓은 것은 분명하다.

경영자는 실적과 성과에 의해 평가받아야 하지만 경우에 따라 인기를 의식하는 사람도 없는 것은 아니다. 미래를 위해서 준비하기보다는 현재 있는 것을 나누어 가지려 하고, CEO 입장에서 자신의 책임으로 고통스러운 결정을 내리기보다는 손쉽게 컨설팅을 받거나, 명망 있는 외부인사로 채운 위원회에 책임을 떠넘기는 것이 그런 경우다.

팀장도 마찬가지다. 팀장이 팀원에게 인기 있는 것은 좋다. 그러나 인기를 의식하지 말라. 팀장은 인기로 먹고 사는 연예인이 아니다.

팀장이 실적으로 승부하고 인간성으로 인기 얻는 것은 바람직하다. 그러나 팀원들의 인기를 의식한 여론추종자가 되면 리더로서의 자격은 없다. 그리고 팀 단위의 작은 조직에서는 실체를 떠난 이미지를 만들어낼 수도 없기에 팀장으로서 막연한 인기를 얻는다는 것은 큰 의미도 없다.

따라서 앞서가는 팀장이라면 팀원들의 인기를 얻기보다는 팀원들의 인정을 받으려 하는 것이 올바른 방향일 것이다.

26

친근감과 존경심은 양립하기 어렵다

//

존경심에 기반하지 않은 친밀감은 팀의 경쟁력을 갉아먹는다.
위계질서가 분명한 가운데 팀장으로서의 리더십을 확립하라.

사람이란 친근한 사람 사이에 있을 때 가장 편안하다. 직장에서도 마찬가지다. 매일 얼굴을 맞대고 생활하는 직장 동료들 간의 관계가 친밀하면 회사생활도 순탄하다. 직장 내 상하관계에서도 친밀하고 격의 없으면 의사소통도 원활하고 업무 효율성도 높아진다.

그러나 과유불급過猶不及이라고 했다. 친밀감도 지나치면 독약이 되는 양면성을 가진다. 조직이란 근본적으로 명령체계이고 상하관계이기 때문에 친밀감이 조직의 윤활유는 될 수 있을지언정 조직을 움직이는 연료가 될 수는 없다. 팀장이라면 사람들의 존경심과 친밀감은 양립하기 어렵다는 점을 알 필요가 있다.

팀장에게는 팀원들과의 친밀한 관계도 중요하지만, 기본적으로 팀원들로부터 리더로서 존경받아야 한다. 존경심에 기반하지 않은 친밀감은 팀을 회사조직이 아니라 마치 대학교 동아리와 같은 분위기로 흐르게 하기 쉽다. 겉보기에는 격의 없어 좋아 보일지 몰라도 조직으로서는 문제가 있다.

특히 벤처기업으로 출발한 회사의 경우 이런 사례가 종종 보인다. 심지어 회사 내 호칭이 '아무개 형'인 것을 보고 아연실색한 적이 있다. 학창생활을 같이하면서 생긴 친밀감과 벤처기업을 창업했을 당시의 끈끈한 정서가 이어져 내려오는 것은 좋지만, 이제는 어엿한 기업으로서 운영되고 있는데도 불구하고 이런 호칭이 자연스럽게 쓰이고 있다면, 이 회사는 대학교 동아리 수준을 절대로 벗어날 수 없을 것이다.

문제는 새로이 입사하는 직원들조차 대학교 동아리 문화에

물들어가면서 조직이라기보다는 동호인 모임과 같은 형태로 기업문화가 정착되어간다는 것이다.

친밀감과 동질감이 근간인 대학교 동아리 문화가 기업을 지배한다면, 이 기업은 창업 초기를 벗어나 규모가 커지면서 오히려 급격히 경쟁력을 상실할 가능성이 높다. 위계질서를 근간으로 성과가 우선시되지 않고서 큰 조직이 제대로 굴러가기는 불가능할 뿐더러, 대학교 동아리 모임 문화로는 역경을 이겨낼 수 없다.

기업이 태평성대를 구가할 때는 동아리 문화가 문제되지 않는다. 그러나 기업에 어려움이 닥치면 상황은 달라진다. 공식적 명령체계보다 사람간의 친밀도에 의존하는 응집력 없는 조직의 특징이란 논란만 무성한 반면 행동은 없기 때문에 쉽게 무너지게 마련이다.

제대로 된 조직이라면 위계질서가 분명한 가운데 윗사람의 리더십이 확립되어 있어야 한다. 동문회나 조기축구회처럼 위계질서 없이 운영되는 1차집단에서는 성실성과 역량에 따라 나름의 리더십이 자연스럽게 확립되고, 친밀감이 중요한 요인이다. 그러나 조직은 다르다. 조직에서 윗사람에게 필요한 덕목은 친밀감이 아니라 존경심이다.

팀장이라면 팀원들과 친밀하게 지내되 존경심이 기본적으로 깔려 있어야 한다. 존경심이란 주장하고 강요한다고 얻어지는 것이 아니라 역량이 뒷받침되어야 하는 덕목이다. 팀장으로서의 역량을 바탕으로 팀원들의 존경심을 확보하라.

팀원들로부터 존경받지 못하는 팀장이 팀원들과 친밀하게 지내려는 것은 조직생활을 대학교 동아리나 사교클럽으로 혼동하는 것이다. 팀장이 친밀감에 의존하면 팀원들로부터 만만하게 보이는 것은 당연하다. 이런 사람은 사랑받는 동아리 회장은 될 수 있으되, 앞서가는 팀장은 될 수 없다.

27

팀장은 존재 자체가 긴장감을 유발한다

팀장이란 존재 자체가 팀원들에게 스트레스를 주게 마련이다.
이는 팀장 자신의 인간성이나 능력과는 상관없는 일이다.

신입사원 시절의 경험담이다. 여름 휴가철이 다가오자 부서원들에게 휴가계획을 제출하라는 지시가 떨어졌다. 부서원 각자의 일정을 짜서 취합하던 직원에게 제출했다. 취합한 후 전체 일정을 보니, 직원끼리 너무 겹치는 기간도 있어서 곧 조정에 들어갔다.

홍미로운 점은 부서원들이 특별한 사정이 없는 한 부서장의 휴가 일정과 겹치려 하지 않는다는 것이었다. 자신의 휴가를 즐기고 나서 부서장의 휴가 때 회사에 나오는 것이 스트레스를 덜 받는다는 이유에서였다. 이는 우리 부서만의 현상이 아니라 다른 부서에서도 마찬가지였다.

이를 보면서 조직 내 책임자의 존재 자체가 주는 의미를 깨달을 수 있었다. 책임자란 특별히 이래라 저래라 하지 않아도 자기 자리에 제대로 앉아 있다는 자체가 조직의 규율을 세우고 긴장감을 유지시킨다는 점이다.

조직 내 책임자 자리인 팀장이란 팀원들에게 존재 자체가 스트레스를 주게 마련이다. 이는 팀장 자신의 인간성이나 능력과는 상관없는 일이다. 사람이란 조직 속에서 누군가에 의해 지시 받고 통제 받는 자체가 스트레스이기 때문이다.

그렇다고 해서 조직을 떠나서 완전한 자유인으로 살아갈 수 있는 사람은 극히 드물다. 이것 역시 '옳다 그르다'의 문제가 아니라 그렇게 생겨먹은 것이다. 단지 조직 내 스트레스가 합리적으로 조절되고, 조직 내 긴장감이 생산적인 방향으로 작동하고 있느냐가 문제다.

뛰어난 리더십으로 조직 내 스트레스를 완전히 없앨 수 있다고 하는 사람이 있다면, 이는 조직생활 경험이 없는 몽상가이거나 정신병자일 것이다.

팀장의 존재 자체가 팀원들에게 스트레스를 줄 수밖에 없다는 것은 팀장 자신도 팀원시절에 수없이 느꼈을 것이고, 팀장인 지금도 자신의 상사에게 느끼고 있는 점이다.

가족이든 아무리 친한 친구 사이든 오랜 시간을 같은 공간에서 지내다 보면 서로 스트레스를 주는 것은 대부분의 사람이 공감하는 경험이다. 그러나 중요한 것은 '어떤 스트레스를 주고받느냐'이다.

조직 내 스트레스가 업무 외적인 인간관계의 갈등이나 불필요한 정치적 분쟁에서 야기되는 것이 아니라, 고객을 창출하고 회사가 돈을 벌기 위해 불가피하게 감수해야 하는 건전한 긴장감으로 유도되어야 한다.

팀장이 직원들에게 스트레스를 주지 않겠다는 태도를 가질 필요는 없다. 조직 내 책임자는 존재 자체가 유발시키는 긴장감을 생산적인 방향으로 유도할 수 있는 방법을 고민하는 것이 옳다.

만약 팀원들이 팀장의 존재에 대해 긴장감을 느끼지 않는다면, 이는 팀장으로서의 역할정립에 문제가 있는 것이라고 해석해야 한다. 팀장은 팀원들과 친구와 같은 친밀감을 나눌 수는 있지만, 그렇다고 친구가 될 수는 없다는 사실을 인지할 필요가 있다.

28
역할의 차이와 인격의 차이를 구별하라

팀장과 팀원은 독립된 인격체라는 면에서 모두 평등한 존재다.
그러나 각자의 역할이 다르고 책임이 다를 수밖에 없다.

유능한 사람이 아무리 많이 있어도 조직화되어 있지 않으면 질서 없는 군중과 다를 바 없기에, 조직생활은 그 자체가 역할의 차이를 숙명적으로 만들어낸다. 역할에 따라 책임과 권한이 부여되고, 명령과 실행구조가 만들어지며, 규모와 역할 조직이 나뉜다.

이는 인간에 국한된 것이 아니라 조직생활을 하는 모든 동물들에게 공통적으로 나타나는 현상이다. 들개나 하이에나와 같은 동물들도 자신들의 리더가 있으며, 리더를 따르고 협조

하는 역할분담 체계가 있다.

회사에서도 나름의 분업구조가 있다. 각자의 역할에 따라 다양한 명령체계를 가지고, 직급에 따라 구분되는 구조가 정교하게 형성되어 있기에 조직으로서 기능한다.

여기서 조직 내 역할의 차이는 불가피하지만, 이것이 개인의 인격과는 별개라는 점을 잊지 말아야 한다. 회사의 최고경영자와 말단 사원이 분업구조 속에서 같을 수는 없다. 각자의 역할이 다르고 책임이 다르기에 이에 따른 구분은 당연한 것이다. 그러나 인격까지 차이가 나는 것은 아니다. 독립된 인격체라는 면에서 보면 최고경영자나 말단 사원이나 똑같이 평등한 존재이기 때문이다.

상하관계 속에서 생활하는 현실에서는 조직 내 역할과 인격이 별개라는 극히 당연한 사실이 무의식중에 간과되기 쉽다. 그러나 이 점을 분명히 인식하는 것은 지시하는 사람이나 지시 받는 사람이나 조직생활의 기본자세다.

팀으로 국한시켜 보면, 팀장은 팀원들이 자신의 지시를 명확히 이행하도록 하되, 인격적으로 대해야 한다. 팀원들도 팀장의 지시가 조직생활에서 당연한 것이며 사회적 분업관계에서의 역할 차이임을 분명히 알아야 한다.

특히 상사가 부하들을 질책할 때 이 점을 명심할 필요가 있다. 회사 내에서 업무로 맺어진 관계이기에, 질책과 꾸중은 업무와 관련된 것에 국한해야 하는 것이 원칙이다. 화가 나서 자신도 모르게 인격적 모욕에 가까운 말을 토해낸다면, 이는 질책의 정당성을 넘어서 상사의 태도에 문제가 있다고 느껴지기 때문이다.

팀원 입장도 마찬가지다. 상사가 업무상 자신을 정당하게 질책하는 것을 인격적 모욕으로 받아들이는 것은 사춘기적 반항심에 불과하다.

29
불평불만으로 가득 찬 사람은 빨리 떠나보내라

팀 내에 불평불만을 늘어놓는 사람이 있으면 팀은 끝장이다.
습관적으로 늘어놓는 감정적 불만까지 귀담아들을 필요는 없다.

세상을 살아가면서 자신의 삶에 온전히 만족하는 사람은 거의 없다. 어떤 사람이 자신의 인생에 전혀 불만이 없고, 완전한 행복 속에서 산다고 말한다면, 나는 이 사람이 거짓말을 하고 있거나 정신이 이상한 사람이라고 생각할 것이다. 종교적 동기는 별개로 하고 사회적 삶 속에서 그렇다는 말이다.

조직생활은 더욱 그렇다. 세상에 완전한 조직은 있을 수가 없다. 단지 합리성의 수준이 차이가 날 뿐이기에 어떤 회사에서 근무하든 나름의 불만은 가지게 마련이다.

특히 직장인들은 본능적으로 나쁜 소식에 민감하다. 나의 생존을 위협하는 나쁜 소식 하나를 정확하게 듣는 것이 좋은 소식 수십 가지를 듣는 것보다 중요하기 때문이다.

회사생활이 불만을 가지게끔 하는 요인은 널려 있다. 적은 봉급, 긴 근무시간, 불공정한 평가, 원하지 않는 부서이동, 꼴 보기 싫은 윗사람, 마음에 들지 않는 동료 등 헤아릴 수 없을 것이다.

이런 불만요인은 정도의 차이는 있지만 어떤 조직에나 공통된 것이다. 또 합리적 대안을 제시할 수 있는 불만은 오히려 회사를 발전시키는 계기가 될 수 있다.

그런데 대안도 없이 감정적으로 계속 불만을 늘어놓는 직원이 있을 수 있다. 문제는 감정적인 불만이 더 강력한 호소력을 갖는다는 것이다.

이런 사람들은 "우리 회사는 글러먹었다. 이러고도 망하는 않는 것이 이상하다. 직원을 제대로 대우해주지 않는 이유가 무엇인가?"라는 식의 언사를 습관적으로 내뱉는다.

이렇게 심한 불만을 느낀다면 다른 직장을 찾아볼 법도 한데, 습관적 불평자들은 그렇게 하지도 않는다. 그저 끊임없이 투덜거리면서 직장생활은 질기게 하고, 이런 저런 조직 내 갈등의 진원지가 되는 경우도 많다. 이런 사람은 문제가 있어서 불만을 느끼는 것이 아니라, 사소한 문제라도 찾아내서 불만거리로 삼는 기질이 있는 것이다.

문제는 이런 불만이 전염된다는 것이다. 사람들은 누구나 나름의 불만은 갖고 있기에 주변에서 불만스러운 언사가 계속되면 자신도 모르게 닮아간다.

팀 내에 습관적인 불평불만을 늘어놓는 사람이 있으면 팀은 끝장이다. 세상을 보는 관점 자체가 왜곡되어 있는 이런 사람에게는 설득과 대화도 무용지물인 경우가 많다.

팀원들의 정당한 불만이라면 합리적 해결책을 모색해야 하는 것은 팀장의 의무다. 그러나 몸에 밴 감정적 불만까지 귀담아 들을 필요는 없다. 합리적 접근이 어려운 감정적 불만이 일상화 된 직원이 있다면 빨리 팀에서 내보내는 것 외에는 방법이 없다.

이런 유형의 직원을 데리고 있으면서 쓸데없이 에너지를 낭비할 필요가 없다. 회사는 사업을 하고 돈을 버는 곳이지, 인간성을 개조하는 곳이 아니기 때문이다.

불평불만이 가득 찬 사람 입장에서도 빨리 회사를 떠나는 것이 좋다. 세상에는 다양한 일이 있기에 불만을 팔아먹는 직업도 있기 마련이다. 이런 직업을 찾아가면 된다.

30

작은 틈을 막아야 큰 댐이 무너지지 않는다

//

작은 조직일수록 사소한 몇 가지가 조직의 분위기를 망친다.
잘못된 행동을 제때 지적하고 바로잡는 게 팀장의 일이다.

'깨진 유리창' 이론이 있다. 이는 사소한 침해행위가 발생했을 때 이를 처리하지 않으면 더 큰 행위로 발전한다는 내용이다. 즉 누군가 유리창을 깨뜨렸는데 집주인이 바로 수리하지 않고 내버려 둔다면, 그는 그것을 나머지 유리창도 다 깨뜨리거나 심지어 건물에 불을 질러도 된다는 신호로 여긴다는 것이다.

이 이론은 1990년대 뉴욕 경찰이 도입해 현실에 적용되며 생명력을 가졌다. 당시 줄리아니 뉴욕 시장과 함께 취임한 브래턴 뉴욕 경찰청장은 절망적인 뉴욕의 치안상황을 개선하기 위한 유력한 방안의 하나로 깨진 유리창 접근법을 도입했다. 즉 작은 위반을 뿌리 뽑으면 큰 범죄를 막을 수 있다는 것이었다.

이전에는 사소한 행위로 눈감아주곤 했던 지하철 무임승차, 지나친 구걸, 노상 방뇨 등도 충분한 체포사유가 되었다. 오늘 지하철 개찰구를 뛰어넘은 사람이 어제 살인범으로 현상수배된 사람이었을 가능성이 크고, 뒷골목에서 노상방뇨를 하는 사람은 아마 강도질을 하러 가는 길이었을지도 모른다는 것이다.

경범죄에 지나치게 강경하게 대처한다는 논란에도 불구하고, 대다수의 뉴욕시민들은 이 정책을 환영했고, 실제로 범죄율도 감소했다. 브래턴 청장은 일약 유명인사가 되었다.

범죄학에서 출발한 깨진 유리창 이론이지만 기업 조직에도 적용될 수 있는 측면이 있다. 즉 조직 내의 사소한 잘못에 관대하게만 대처하는 것은 큰 문제로 발전하기 쉽다는 것이다.

따라서 사소한 잘못이라도 반복되면서 조직에 나쁜 영향을 주는 것은 신속하고 분명하게 바로잡아야 한다.

잘못된 행동이 제때 지적되고 바로 잡히지 않는다면 이런 현상은 계속 확대되는 속성이 있기에, 일정 시점이 지나면 상당한 노력을 기울여도 바로잡기 어려운 지경이 되어 조직의 분위기와 질서도 무너진다. 조직의 질서 역시 한 번 무너지기는 쉬워도 다시 세우기는 몇 배나 어렵다.

대개 팀이란 서로의 숨소리까지 느낄 수 있는 작은 조직이기에 깨진 유리창 이론의 개념과는 다르다. 그러나 사소한 잘못을 제때 바로잡아야 한다는 메시지는 여전히 유효하다고 생각한다. 작은 조직일수록 사소한 몇 가지가 조직의 분위기를 흐트러지게 할 수 있기 때문이다.

팀원 중 회의시간을 지키지 않는 경우가 많거나, 출근시간에 자주 늦고, 동료들에게 업무상 기본적 예의를 지키지 않는 사람이 있다고 하자. 일견 사소해 보이는 이런 문제를 계속 방치해둔다면, 팀장은 앞으로 팀원들의 회의시간 · 출근시간 문제가 아니라 팀원의 금전적 부정행위를 걱정해야 할지도 모른다.

규칙과 예의를 무시하는 것은 누구에게나 일단 편하다. 이는 서로 지켜야 가치를 낳는 것이다. 그런데 지키는 사람과 안 지키는 사람이 따로 있다면 팀원들의 불만은 커질 수밖에 없다. 조그만 불씨라도 제때 처리 못하면 큰불이 된다.

31
팀원의 아픔이 따르는 나쁜 일은 한꺼번에 하라

조직 차원에서 아픔을 감수하는 결정과 행동을 하는 게 팀장이다.
이런 일일수록 분명하고 신속하게 진행해야 조직의 부담을 줄인다.

새해를 맞으면 서로 "올해는 좋은 일만 있어라."라는 덕담을 나눈다. 세상 살면서 좋은 일만 생기면 아무 문제가 없겠지만, 이것이 가능하다고 믿는 사람도 없을 것이다.

회사생활에서도 마찬가지다. 모두 열심히 일해서 좋은 결과를 낳고 좋은 일만 생기면 좋겠지만, 인간이 살아가는 현실은 이와는 다르다. 예기치 않은 상황변화와 불운은 언제나 닥칠 수 있고, 회사는 생존을 위해 사람이나 설비를 줄이고, 기존의 거래관계를 단절해야 하는 경우도 불가피할 때가 있다.

경영자들도 항상 좋은 환경에서 좋은 일만 하고 싶겠지만, 때로는 하기 싫은 일도 분명하고 확실하게 하는 사람만이 훌륭한 경영자로 평가 받을 수 있다.

팀장 역시 조그만 조직이지만 책임을 맡은 입장에서 항상 좋은 일만 있기를 바라는 것은 환상이다. 크고 작은 일은 끊임없이 생기기 마련이고, 때로는 나쁜 일도 해야 한다.

여기서 나쁜 일이란 도덕적 악행을 말하는 것이 아니라 조직차원에서 아픔을 감수하는 결정과 행동을 해야 한다는 것을 의미한다. 회사 전체 차원에서 부하직원을 내보내야 하는 경우도 있고, 본인의 의사에 반해서 전근통보를 해야 하는 경우도 생길 것이다. 직원의 업무태만을 분명히 지적하는 일부터 거래고객에게 관계중단을 통보하는 상황까지 언제든지 생길 수 있다.

팀장이라면 나쁜 일을 꼭 해야 하는 경우 확실하게 처리해야 한다. 이때 나쁜 일을 단계적으로 하지 말고 한꺼번에 하는 것이 좋다. 조직입장에서도 좋지 않은 소식은 아무리 큰 것이라도 한 번에 듣는 것이 차라리 낫다. 한 번에 상황을 정리할 수 있기 때문이다.

경영이 어려워져 부득이하게 함께 일하던 직원이 회사를 떠나야 하는 상황이 되었다고 하자. 회사와 나머지 직원을 위해서 어쩔 수 없는 일이라는 경영진의 판단이 내려지면, 분명하고 신속하게 일을 진행하는 것이 조직의 부담을 줄인다.

만약 구조조정의 방향만 알려진 상태에서 구체적인 사항이 알려지지 않고 시간이 흐르면, 조직에는 불안감이 높아지면서 이 틈새에서 선동적인 사람들의 목소리만 커지게 된다. 사람이란 불확실성에 가장 민감하게 반응하기 때문이고, 누가 어떻게 될지 모르는 상황에서는 과격한 목소리가 힘을 얻게 마련이다.

반면 나갈 사람과 있을 사람을 빨리 정리해 주면, 일시적은 갈등이야 불가피하지만 각자 자신의 입장을 쉽게 정리할 수 있다.

우유부단한 팀장은 나쁜 일을 해야 할 경우에 결정을 지연하거나, 갈등을 우려해 우물쭈물하기 쉽다. 극단적인 경우에 비열한 상사는 과실은 자신이 따먹고 뒤처리는 남에게 시킨다. 좋은 일에는 자신이 나서고 나쁜 일에는 아랫사람에게 부담을 지우는 것인데, 실제 조직에서는 이런 사람도 드문 것은 아니다.

나쁜 일을 꼭 해야 할 때 중요한 것은 팀장 자신이 직접 해야 한다는 점이다. 안 할 수 없는 일이라면 하기 싫은 일이라고 우물쭈물 한들 시간이 해결해 주는 것도 아니다. 특히 조직 내에서 문제가 있는 직원을 처리해야 한다거나, 팀원들의 커다란 잘못을 바로잡아야 하는 경우처럼 조직운영상의 문제라면 더욱 그렇다.

반면 좋은 일은 천천히 조금씩 해도 무방하다. 좋은 소식을 꾸준히 듣는 것은 사람들의 기분을 계속 좋게 하기 때문에 사기를 지속적으로 높이는 효과가 있다. 그러나 좋은 소식을 한꺼번에 듣게 되면 사기를 높이는 차원을 넘어서 자만심이 싹트기 쉽다.

32 무능은 받아들여도 부도덕을 용서해서는 안 된다

무능한 팀원은 끌어안아도 부도덕한 부하는 철저하게 내쳐라.
부도덕한 성격적 특성은 성인이 된 다음에는 사실상 불변이다.

리더십의 원론적 이야기들은 대부분 포용적 리더십을 내세운다. 리더인 자신의 취향과 다르다는 이유로, 자신의 마음에 안 든다는 이유로 사람들을 배척하지 말라는 것인데, 백번 맞는 말이다. 그러나 아무리 훌륭한 리더라고 해도 모든 사람을 만족시킬 수는 없다. 모든 사람을 만족시키려 한다면 결국 아무도 만족시키지 못하는 것이 인간 모듬살이의 특성이다.

팀장 또한 모든 팀원들을 만족시킬 수는 없다는 것은 마찬가지다. 합리적인 원칙을 일관되게 가져가는 리더십으로 팀원들을 포용해 나가는 것이 현실적인 목표일 것이다.

모든 팀원들을 포용하고 잘해나가는 것이 희망사항이겠지만, 실적과 성과에 쫓기는 팀장으로서는 무작정 사람들을 끌어안을 수는 없다는 고민이 있다. 따라서 팀원을 포용하는 데 있어 팀장 나름의 판단기준을 가져야 한다.

이 판단기준이 지나치게 협소하다면 폐쇄적인 상사가 되기 쉽고, 너무 느슨하다면 부하직원들의 호평은 얻을지 모르나 팀의 성과는 떨어질 위험이 크다. 판단기준을 일률적으로 정하기는 어렵겠지만, 가장 기본적인 기준의 하나는 도덕성이어야 한다. 능력은 그 다음의 문제다.

팀장 입장에서 무능한 팀원은 끌어안아도 부도덕한 부하는 철저하게 내쳐야 한다. 모자라는 능력은 다른 사람이 보완해줄 수도 있고, 자신의 노력 여하에 따라 향후 계발이 가능하다. 그러나 부도덕한 특성은 성인이 된 다음에는 사실상 불변이다.

흔히 말하는 술 · 담배 · 이성관계 등은 개인의 절제력과 관계되는 부분이고, 내가 말하고자 하는 도덕성과는 별개다. 특히 문제 삼아야 하는 도덕성은 특히 금전적인 것과 거짓말을 뜻한다.

금전적인 부분에서 깨끗하지 못한 사람은 능력과 상관없이 주변의 신뢰를 얻기도 어렵고, 언젠가는 문제를 일으킨다. 바늘 도둑이 소도둑 된다고, 직장동료들에게 몇 십만 원 빌려서 안 갚는 사람이라면 기회가 되었을 때 회사 돈 몇 십억 원에도 손 댈 가능성이 많다. 그리고 사소한 것이라도 거짓말을 쉽게 하는 사람들은 결국 큰 거짓말도 쉽게 하게 된다.

남에 대한 험담을 일삼으면서, 이리저리 거짓말로 자신의 자리를 보전하는 사람의 특징은 직급과 관계없이 상사에 대한 아부를 잘한다는 것이 내 경험이다.

팀장이 이런 사람에게 현혹되어 가까이하는 것은 가장 피해야 할 상황이다. 거짓말을 일삼는 신뢰성 없는 사람은 일시적으로 달콤할지 모르지만 언제나 무엇인가 속이고 있다는 것을 알아야 한다. 부도덕한 사람은 조직의 분위기를 해치는 것은 물론 언젠가는 큰 문제를 일으킬 수 있는 시한폭탄이라고 보면 된다.

팀원 중에 가장 위험한 유형은 유능하면서 부도덕한 사람이다. 무능하고 부도덕한 사람은 오히려 큰 문제를 낳기 어렵고 기껏 개인적인 문제 수준에 머무르지만, 유능하고 부도덕한 사람은 경우에 따라 자신은 물론 주위 사람까지 파멸시키기는 모습은 종종 확인된다.

여기서 "인간은 무한히 변할 수 있기에, 쉽사리 판단해서는 안 된다."라는 식의 공자말씀은 의미가 없다. 회사는 인간성 개조의 실험장이 아니라 일하는 곳이다. 일할 수 있는 기본적 준비가 되어 있는 사람만을 리더십의 대상으로 삼아야 한다.

능력이 부족한 사람이라면 팀장이 따뜻한 마음으로 끌어안는 것이 좋다. 그러나 부도덕한 부하와는 단호하게 인연을 끊어라. 얄팍한 훈계와 조언으로 사람을 변화시키려는 환상은 일찌감치 버리는 것이 좋다.

33
지팡이는 항상 들고 있되 함부로 휘두르지는 말라

팀장의 권한으로 돈과 사람의 배분에 참여할 수 있는 영역은 많다.
힘이란 가지고 있으되 사용하지 않을 때 커 보인다는 것을 명심하자.

조직 내 책임자의 자리는 나름의 권한이 있다는 점에서 일종의 권력이고 힘이다. 공식적으로 부여된 권한은 어떤 형태이든 이를 뒷받침하는 메커니즘을 가지고 있고, 조직 내의 힘은 궁극적으로 돈과 사람의 분배권한으로 압축된다. 즉 권력이란 자신의 의지에 따라 권한의 범위 안에서 돈을 배정하고 사람에게 자리를 주는 형태로 표현되는 것이다.

자발적인 친목모임을 별도로 한다면, 일반적인 조직에서는 사람들에게 임무를 부여하고 성과에 따라 보상을 할 수 있는 리더의 권한이 조직을 유지하는 근간이 된다. 리더의 능력은 부여된 권한을 합리적이고 공정하게 사용하는 것에서 출발한다.

여기서 실패한다면 조직원들에게 리더로서 인정받고 지위를 유지되기는 어렵다. 이는 인간사회뿐만 아니라, 일정수준 지능을 가지고 모여서 살아가는 동물의 세계에서도 동일하게 적용되는 원칙이다.

팀장도 크진 않지만 분명히 권력이다. 팀원들에게 인사고과를 주고, 보너스 책정에 의견을 내고, 교육훈련의 우선순위를 정하고, 문제가 생겼을 때 책임을 지울 수도 있다. 이외에도 팀장의 권한으로 돈과 사람의 배분에 참여할 수 있는 영역은 많다.

이러한 힘의 존재와 실제 사용은 다르다는 점을 말하고 싶다. 권한이란 존재 자체가 주는 무게감이 중요한 것이지, 실제로 사용되어 실체가 드러나면 아무것도 아니게 되는 경우가 많다. 힘이란 가지고 있으되 사용하지 않을 때 커 보인다는 것이다. 자주 사용해야 하는 힘은 이미 힘이 아니다.

이와 관련해서 우리나라에는 재미있는 비유가 있다.

"옛날부터 되는 집안에선 가장이 지팡이를 들고 새벽 일찍부터 집안을 둘러보며 집안일을 보살폈다. 그는 말을 듣지 않거나 게으름을 피우는 식구가 있으면 뒷짐을 진 채 지팡이를 들어 보이면서 호통을 치고 훈계하지만 지팡이로 때리는 법은 없다. 그저 때리는 시늉을 할 뿐이다."

권한이란 그것을 무언으로 과시하고 행사가능성을 열어 놓는 데서 존재하는 것이다. 탁월한 리더는 자신의 힘을 실제로 사용하기 보다는 사용가능성을 열어놓고 추종자들을 따라오게 하는 사람이다. 졸렬한 리더는 자신의 힘과 권력에 관해 필요 이상 떠들면서 상대방을 위협하고, 실제로 사소한 대상에게 빈번하고 저급하게 힘을 행하는 사람이다.

이런 점에서 팀장은 자신의 권한이 가진 무게를 분명히 알고 있되, 실제로 이를 행사하는 것은 최소화하면서 팀원들을 따라오게 만들 수 있어야 한다. 팀장이 사소한 것에서 자신의 권한을 과시하거나 행사하는 것은 금물이다. 반면 꼭 행사해야 한다면 단호하고 분명히, 그리고 강력하게 행사하는 것이 좋다.

"당신이 가진 힘이란 자신이 실제로 가지고 있는 것의 크기가 아니다. 다른 사람들이 당신을 볼 때 가지고 있을 것이라고 믿는 것의 크기, 그것이 힘이다. 힘은 실제로 존재하는 것이라기보다는 사람들이 있을 것이라고 믿는 가운데 존재한다."

힘은 실체를 드러내지 않을 때 가장 강력한 것이라는 점을 느끼게 하는 전직 마피아 중간 보스 V의 말이다.

34

팀장이라는 자리에서 리더십이 나오는 게 아니다

합리적 리더십을 떠받치는 삼각기둥은 힘 · 신뢰 · 지식이다.
힘만 있는 팀장은 결국 독재자의 길을 걸을 수밖에 없다.

기업에서 리더십의 중요성이 더욱 강조된 것은 지식경제시대의 전개와 맥락을 같이 한다. 자본의 한계효율이 높았던 산업경제시대의 경쟁력은 기본적으로 설비에서 나왔다. 인간의 노동력은 다양한 설비와 결합되어 있었고, 설비의 생산성을 높이고 효율적으로 관리하는 것이 기업경영의 주요 관심사였다.

그러나 인간의 지식이 경쟁력을 결정하는 지식경제시대에는 창의력을 발현시키고 조직화하는 방식이 기업경영의 주요 화두로 떠올랐다. 앞으로 기업에서는 팀장과 같은 중간관리자가 소집단을 이끌어 갈 수 있는 소집단 리더십이 부각될 것이다.

인간이 인간을 능숙하게 다룬다는 것은 어려운 일이다. 따라서 사람들의 신뢰를 얻고 열정을 불러일으키면서 주어진 목표를 향해 나아가게 하는 리더십은 계층을 불문하고 그 중요성이 더욱 커지고 있다.

팀장이 된다는 것은 리더십의 대상자에서 주체자가 되었다는 뜻이다. 같은 상하관계라도 상급자일 때와 하급자일 때는 이해하는 방식이 완전히 다르다. 윗사람의 잘못에 대해 비난하기는 쉬워도, 자신이 윗사람이 되어서 아랫사람을 이끌어 나가기는 정말 쉽지 않다. 좋은 말로 잘 대해 주기만 하는 것이 능사도 아니고, 권위로 누른다고 해서 효율성이 확보되는 것도 아니다.

탁월한 리더가 되는 방법에 대한 이론과 주장은 많아도, 상당수는 거의 성인군자와 같은 경지를 요구하는 비현실적인 것이다. 따라서 팀장이 되었다면 자신에게 적합한 리더십 모델에 대해서 고민할 필요가 있다. 이는 좀처럼 바꾸기 어려운 성격을 무리하게 바꾸려 하기보다는 자신의 성격에 맞는 팀장 리더십의 모델을 고민하는 것이 현실적이라는 의미에서이다. 외향적인이든 내성적이든 모두 훌륭한 리더가 될 수 있지만, 각자의 스타일은 분명히 다를 수밖에 없다.

권한이 있는 자리에 있더라도, 의사소통 능력이 부족하고 고집불통에 막무가내인 사람은 형식적 리더십은 있으되 실질적 리더십을 가질 수는 없다. 실질적 리더십을 확보하지 못한 사람은 필연적으로 독재적 리더십으로 발전한다.

과거에는 리더십의 원천이 자리나 힘이었으나, 앞으로는 합리성이다. 합리적 리더십을 떠받치는 삼각기둥은 '힘Power · 신뢰Credit · 지식Knowledge'이고, 이를 하나로 만드는 것은 리더의 비전이다. 이 3가지 힘이 균형을 이룰 때 합리적 리더십이 생겨난다.

힘은 리더의 출발점이다. 명령하고 지시할 수 있는 합법적 권한이 있어야 한다. 또한 신뢰와 지식은 형식적 리더십을 실질적 리더십으로 만드는 기제다. 합법적 권한이 있어도 신뢰와 지식이 없다면 사람들이 면종복배面從腹背; 겉으로는 따르나 속으로는 딴마음을 먹음 하는 것은 당연하다.

힘만 있는 리더는 숙명적으로 독재자의 길을 걸을 수밖에 없다. 사람들의 자신을 믿지 않고 아는 것도 없는 상태라면 이유 여하를 막론하고 힘으로 윽박지르는 것 말고는 방법이 없다. 그리고 독재자의 말로는 대개 좋지 않다.

한편 신뢰만 있다면 종교지도자는 될 수 있을지언정 리더는 될 수 없다. 존경받기는 하지만 추진력을 가질 수 없기 때문이다. 지식만 풍부하다면 학자에 불과하다. 아는 것이 많다는 것과 사람들이 따른다는 것은 별개의 문제이기 때문이다.

힘·신뢰·지식의 3가지가 균형을 가질 때 바람직한 리더가 될 것이다. 그러나 이 또한 말로는 쉬워도 현실적으로는 그렇지 않다. 팀장이 되었다는 것은 필요한 합법적 권한은 확보했다는 의미이므로 나머지 2가지 요소 중 자신이 우선적으로 확충할 부분을 고민해 볼 필요가 있다.

팀원들에게 신뢰를 얻을 수는 있지만, 단기간에 지식을 확충하기가 어렵다면 부족한 지식은 다른 방식으로 보완하고 팀원들의 신뢰를 얻는 방법을 택할 수 있다. 반면 지식역량에 자신 있으면 이 부분에 주력해서 조기에 지도력을 확보하고 장기적으로 신뢰기반을 구축하는 방법을 택하면 된다.

시대에 따라 요구하는 인재상이 달라지듯이 리더십도 마찬가지다. 과거 고도성장시대에는 추진력이 강한 권위적 리더십의 가치가 분명 있었다. 그러나 이제는 합리성에 근거한 리더십의 시대다. 조직의 주류가 전화기를 쓰던 세대에서 인터넷 세대로 변한 것처럼 리더십의 모습도 변할 수밖에 없다.

35
권위주의는 버려라, 그러나 권위는 가져라

형식적 힘인 직위와 실질적 힘인 권위를 일치시켜야 한다.
직위에 따른 권한을 행사하면서 평판에 따른 권위를 확보하라.

"권위주의를 타파하자."라는 정치적 구호가 유행이었던 적이 있다. 정치인 중에서는 권위주의를 없애는 것이 대단한 정치적 발전인 것으로 포장하고, 이를 주창해 자신을 내세우기도 한다. 물론 조직이 정상적으로 작동하기 위해 권위는 아주 중요한 요소다. 그러나 권위주의와는 구별해야 한다.

이러한 구호의 근저에 깔려 있는 개념은 '권위는 나쁜 것이고, 권위를 이용해서 부당한 일을 강요한다.'라는 식의 인식이다. 물론 이 같은 권위주의는 없애야 하지만, 정상적으로 형성된 진정한 권위와 비정상적으로 억누르는 폭력을 혼동해서는 안 된다.

나쁜 의미에서 권위주의란 자신의 직위와 권한을 내세워 자신의 부당한 이익을 보호하거나 자신의 비합리적인 의견을 강요하는 것이다. 자신의 역량과 실적보다는 직위와 힘으로 남을 윽박지른다는 것은 사실 폭력에 가깝다.

그러나 진정한 권위는 다르다. 권위는 자신이 남에게 강요하는 것이 아니라 남이 인정하는 것에서 출발한다. 말 한마디라도 따르지 않으면 보복당할까 봐 순응하는 것은 폭력이지만, 같은 말 한마디를 진심으로 인정하고 존경해서 따른 것은 권위다.

재계 · 예술계 · 종교계에서 연륜이 쌓인 명망 있는 지도자들은 정당한 권위를 가지고 있고, 사회는 이를 받아들인다. 70~80대가 되어서까지 원칙을 지키면서 인생을 올바르게 살고, 나름의 분야에서 괄목할 만한 성취를 이룬 사람이 가지는 무게가 진정한 권위인 것이다.

이런 점에서 권위주의와 권위를 구별해야 할 뿐더러 직위와 권위도 분명히 다르다는 것을 알아야 한다. 팀장이 자신의 직위를 내세워 비합리적 요구에 대한 복종을 강요하는 것은 폭력에 가까운 권위주의지만, 역량 있고 합리적인 팀장을 팀원들이 따르기에 생기는 말의 무게는 진정한 권위다.

형식적 힘인 직위와 실질적 힘인 권위를 일치시키는 것은 팀장 개인의 역량과 노력에 달려 있다. 직위와 권위의 크기가 일치하면 좋겠지만 현실은 반드시 그렇지는 않은 듯하다.

직위에 비해서 권위가 없으면 독재자가 될 수밖에 없다. 팀원들은 팀장을 인정해서가 아니라 무서워서, 부딪치기 싫어서 따른다. 한편 직위에 비해 권위가 높다면 흔히 조직 내 비공식적 리더가 된다. 팀장이라면 직위에 따른 권한을 분명히 행사하면서 평판에 따른 권위를 확보해나가야 한다.

팀원들이 팀장에 대해 인정하는 수준은 각기 다르다. 그리고 회사 내에 수많은 팀장들이 있지만, 이 팀장들이 갖고 있는 권위 역시 다르다. 흔히 '평판의 무게'라고 표현하는 권위의 총량이 다른 것이다.

앞서가는 팀장이라면 권위주의는 물리쳐라. 하지만 팀원들에게 존경을 받음으로써 생기는 진정한 권위는 확보하라.

36
도움을 청할 때는 자비가 아니라 이익에 호소하라

팀원들에게 상호이익에 따른 이점을 분명히 보여줘야 한다.
그렇게 할 때 지속적이고도 장기적인 헌신을 이끌어낸다.

"사람은 자기 소유물을 빼앗겼을 때보다 부친이 죽은 쪽을 더 빨리 잊어버리는 법이다."라고 마키아벨리는 말했다.

사회나 조직에 문제가 생겼을 때 인간의 탐욕에서 원인을 찾고, 이기심보다 공동체의 이익을 우선해야 한다는 주장을 하는 사람들이 있다. 그러나 평상시에 이렇듯 고상한 주장을 하는 사람들이 실제로 공동체의 관념적 당위성과 자신의 이익이 부딪칠 때 평소의 주장과는 달리 이기적 행동을 하는 것은 너무나도 흔하게 보는 일이다.

부동산투기가 망국병이라고 떠들던 관료와 학자들이 알고 보니 부동산투기꾼이고, 교육기회의 평등을 외치는 교사나 시민단체 관련자들이 정작 자신의 아이는 고액의 해외유학을 보내고 있는 것이 대표적인 예다.

인간이란 자신의 이익이 훼손되지 않는 범위 내에서는 공동선共動善을 부르짖어도, 정작 자신과 관련되면 이런저런 이유를 들어 판단기준이 달라진다. 심지어 숭고한 이념이나 대의명분조차도 자신의 이익에 따라 취사선택되는 것을 현실에서 자주 본다. 사실 싸움 중에서 '밥그릇 싸움'만큼 치열한 것은 없는 법이다.

개인의 이기심은 잘못된 제도와 교육의 산물이고, 제대로 교육을 받으면 개인의 이기심보다 집단 전체의 이익을 우선하는 태도를 가질 수 있다고 보는 사람들은 일종의 위선자이거나 현실을 전혀 모르는 사람들이다.

인간의 이기심은 수억 년의 진화과정에서 본능으로 자리잡은 것이기에, 어쭙잖은 정신교육이 이를 바꿀 수 없다. 생존을 위한 이기심이란 모든 생물체의 본질이기 때문이다.

문명이 발달하면서 공동체를 위협하는 극단적 이기심을 제어하기 위한 정교한 제도 역시 발달했지만, 일상생활에서는 이기심이 사람들을 지배하고 경제적 인센티브가 가장 강력한 동기다.

개인이 모인 조직에서도 조직의 이기심은 본능처럼 자리 잡는다. 조직 자체도 개별 생물체처럼 생존해야 하기 때문이다. 결국 좋은 조직이란 개인의 건전한 이기심을 인정하고, 개인과 조직의 이익이 만나는 접점을 합리적으로 찾아내는 곳이다.

개인의 희생만을 요구하면서 조직의 이익을 추구하는 것은 어떤 형태든 폭력에 불과하다. 마찬가지로 조직이 희생해 개인의 이익을 추구하는 것은 조직 자체의 생존을 어렵게 한다.

세상살이의 이런 측면은 실제로 살아보지 않고서는 실감하기 어렵다. 혈기방장血氣方壯한 젊은 시절에는 이해하기 어려울 뿐더러, 오히려 거부하고 싶은 측면이다. 그러나 대의명분과 낭만에 취한 젊은 시절을 지나, 제대로 된 기업조직에서 실제로 접해보면 세상은 달라 보인다.

팀장이 되었다는 것은 이제 젊은 시절의 낭만을 뛰어넘어 엄연한 현실을 직시해야 하는 단계가 된 것을 의미한다. 치기 어린 낭만에서 벗어나 실제로 현실의 인간들이 살아가는 양상을 분명히 이해하지 않고서는 현실에 존재하는 조직을 제대로 이끌어 갈 수 없다.

조직생활이란 크고 작은 도움을 서로 주고받는 것이 기본이다. 일상적인 작은 부분들은 명령체계와 인간관계로 충분하지만, 결정적인 도움은 결국 상호이익이 전제되어야 한다. 팀장이라는 리더로서 다른 사람들로부터 도움이 필요하다면, 그들의 자비에 의존하지 않고 이익에 호소하는 것이 강력하다는 것을 알아야 한다.

대의명분과 가치관으로 포장하더라도 상호이익에 따른 이점을 분명히 보여주지 않으면 장기적이고 지속적인 헌신을 이끌어내기는 어렵다. "지식을 나누어 주겠다." "당신의 은행계좌 잔고가 늘어날 것이다." "경력에 큰 도움이 될 것이다."

등은 모든 사람이 말할 수 있고 이해할 수 있는 말이다.

팀장이라는 리더에게는 '김중배의 다이아몬드'도 '이수일의 순정'도 모두 필요하다. 중요한 것은 '다이아몬드 없는 순정'만큼 변덕스럽고 못 믿을 것도 없다는 점이다.

다이아몬드가 없는 순정은 언제든지 무너질 수 있는 모래성이지만, 다이아몬드를 가진 순정은 상호이익이라는 굳건한 기초 위에 서 있는 만리장성이다. 경영자를 꿈꾸는 팀장이라면, 경영자는 성스럽고도 세속적이어야 한다는 사실을 알아야 한다.

4장

유능한 팀장의
커뮤니케이션은 뭔가 다르다

37
팀 나름의 공식적인 의사결정방법을 정하라

팀 단위의 작은 조직에도 나름의 의사결정 방법이 존재한다.
정답은 없다. 팀의 안정성과 효율성을 확보할 수 있는 것이면 된다.

어떤 조직이나 나름의 의사결정 체계가 있다. 요즘 논란이 일고 있는 기업 지배구조란 것도 '누가 어떤 식으로 의사결정을 하느냐'의 문제로 압축된다. 리더의 자질과 의사결정체계의 특성에 따라 조직의 성과는 큰 차이가 생긴다.

슈퍼맨과 같은 탁월한 리더라면 1인 의사결정 체계도 나쁠 것은 없다. 그러나 이런 자질을 가진 사람은 실제로는 드물다. 반면 뚜렷한 책임자가 없는 합의제는 효율성이 떨어진다. 책임소재도 불분명하고, 의사결정에 참여하는 각자의 입장에 따라 의사결정이 왜곡될 가능성도 크다.

이런 면에서 어떤 조직이나 의사결정 구조에도 정답은 없다. 조직의 안정성과 효율성을 확보할 수 있는 것이면 된다고 생각한다.

팀 단위의 작은 조직에도 나름의 의사결정 방법은 분명히 존재한다. 명시적으로는 팀장이 의사결정 권한을 가지지만, 사안에 따라 묵시적 동의까지 필요 없는 것은 아니다.

팀장은 사안의 성격에 따라 팀장 단독으로 결정해도 되는 것, 선임 팀원들과 상의가 필요한 것, 팀 전체와 논의가 필요한 것을 구분해 공식적인 의사결정 방법을 정한다. 팀장이 의사결정 권한을 가지고 있다는 것과 자신이 마음대로 한다는 것은 다르기 때문이다.

팀원들이 참여한 공식적인 의사결정 과정을 거친다면, 팀원들도 중요한 일에 참여한다는 느낌을 가지고 책임감을 공유할 수 있다. 이는 의사결정의 정당성을 높이고 팀장의 리더십을 강화시킨다.

『로마인 이야기』의 저자인 시오노 나나미는 "인간은 자기가 주권을 갖고 있다고 생각하게 해주기만 하면 그것으로 만족하고, 그 주권을 행사하는 데는 사실상 전혀 관심을 갖지 않는 존재인지도 모른다. 결과가 나쁘게 나왔을 때만 큰 소리로 불평할 뿐이다."라고 말했다.

나는 시오노 나나미의 이 말을 "팀원들은 자기가 의사결정 과정에 참여하고 있다고 생각하게 해주는 것으로 충분하고, 그 결정권을 실제로 행사하는 것에는 관심을 갖지 않는 존재다. 그렇기에 결과가 나쁘게 나왔을 때도 책임감까지 공유하는 것을 기대하기는 어렵다. 모든 책임은 팀장에 있지만 의사결정 방법은 마련하라."라고 바꿔 말하고 싶다.

38
과제를 줄 때는 명령체계를 분명히 하라

아무리 작은 일이라도 책임자를 분명히 구분해야 한다.
명령체계를 제대로 세워주지 않으면 알력과 갈등이 생긴다.

6·25전쟁 당시 지리산 빨치산이었던 사람이 쓴 회고록인 『남부군』이라는 책이 1988년에 출간되면서 당시 큰 관심을 모았었다. 저자인 이태는 지리산 빨치산의 정예부대인 이현상부대에서 활동하다가 국군에 체포된다.

개인적으로 이 책을 읽으면서 가장 인상적인 대목은 후반부의 국군에게 체포되는 정황이었다. 국군에 쫓기던 빨치산의 편대장은 경험 많은 핵심대원 3명을 선발해서 흩어진 대원들을 수색해오라는 명령을 내린다. 저자는 이 임무를 수행하다가 국방군에게 생포되는 전후 사정을 이 책에서 다음과 같이 회고했다.

"편대장의 지시는 매우 세심했으나 한 가지 중대한 실수가 있었다. 비록 세 사람의 단출한 일행이지만 체계를 세워주지 않은 점이다. 책임자가 누구라는 것을 명백히 해주었더라면, 지휘자의 명령에 불복종한다는 것은 상상도 못할 일이었을 테고, 조장이 된 사람은 책임상 불성실한 행동을 하지 못했을 것이다. 세 사람은 그냥 세 사람일 뿐, 조직은 아니었던 것이다. (중략)

뚜렷한 책임자가 있었더라면 이런 일은 결코 없었을 것이다. 조직체 속에서 기계의 한 부속품처럼 움직일 때 사람은 자기 의사나 능력 이상의 힘을 발휘한다. 가령 행군에 있어 각 대원은 긴 체인의 조인트 한 토막에 불과하기 때문에 그 고통스러운 행군을 견뎌내지만 각자 자기의 의사만으로 그 고역을 치르라면 어떠할까? 그런 의미에서 우리 셋은 하나의 부분이 아니라 각자일 뿐이었다."

정규군과 달리 빨치산에게는 중공군처럼 직책은 있으나 계급은 없었고, 그 직책이라는 것도 상부에서 지명하기 나름이었고, 대개 상식선에서 서열이 구별되었다고 한다. 빨치산에서 편대장 · 지대장의 직책은 분명하지만 편대원은 직책이 분명하지 않았다. 따라서 편대장이 임무를 부여할 때 조장과 조원을 지정했어야 하는데 그렇지 못했다는 것이다.

세 사람의 작은 조직이지만 임무를 부여할 때 분명한 명령체계를 세워주지 않았던 것이 어영부영 같이 흘러 다니다가 생포되는 계기가 되었다는 점은 인상적이다.

팀장이 여러 명의 팀원들에게 과제를 줄 때도 이러한 점을 명심해야 한다. 과제를 나누어서 각자에게 부여한다면 상관없으나, 여러 명이 함께 일을 해야 하는 과제라면 분명한 명령체계를 세워주어야 한다는 것이다.

물론 조직 내에서는 나름대로 상식선의 서열이 있기에 명령체계를 명확히 하지 않아도 서열에 따라 자연스러운 분업이 이루어진다.

그러나 이 상식선의 서열이 불분명할 때는 업무추진 체계가 혼란을 일으키고 경우에 따라서는 팀원 간 미묘한 알력의 원인이 된다. '상식선'이라는 자체가 불분명하기 때문이다. 입사는 늦었지만 업무경력은 많은 사람, 나이는 많지만 승진이 늦은 사람 등으로 다양하고 업무성격에 따라 선임 · 후임이 항상 명확히 나뉘는 것도 아니기 때문이다.

나 자신도 직원들과 일하면서 과제를 줄 때 『남부군』 저자의 경험을 자주 상기하곤 한다. 사람 숫자가 많을 때 책임자를 지정하는 것은 당연한 일이며 불과 2명일지라도 이 점을 분명히 한다는 것이다.

특히 관련된 2~3명의 직급이 비슷할 때는 더욱 그래야 한다. 업무라는 것은 책임을 명확하게 해놓지 않으면 대충 서로 미루기 쉽기 때문이다.

팀원들에게 과제를 줄 때는 명령체계를 분명히 하라. 책임자를 지정하고, 관련된 사람들에게 이 점을 분명히 알리는 것이 별것 아닌 듯하지만 예상보다 커다란 효율성을 확보한다.

그리고 이 방식이 좋은 점은 의사소통을 간편하게 할 수 있다는 점이다. 팀장 입장에서 필요한 의사소통은 과제의 책임자로 단일화할 수 있기 때문에 불필요하게 여러 사람과 이야기하지 않아도 된다는 점에서 시간을 절약할 수 있다. 작은 일에 명령체계를 제대로 세워주지 않아 생기는 팀 내의 알력은 결국 커다란 갈등의 씨앗이 될 수도 있다는 점을 기억해야 한다.

39
지시 전에 심사숙고해 지시를 남발하지 말라

팀장이라면 지시를 하거나 의견을 말할 때 신중해야 한다.
생각나는 대로 내뱉고 토론하자고 나서는 것은 아주 위험하다.

"사장의 한마디는 천 금이고, 임원의 한 마디는 백 금이며, 팀장의 한 마디는 열 금이다."라고 한다. 회사에서 사장이 한마디 하면 말단에서는 태풍이 불게 마련이다. 조직의 속성이 그럴 수밖에 없고, 또 그렇게 되어야 한다. 최고결정권자가 결정해서 지시하면 조직은 일단 이를 수행해야 한다.

수행하는 과정에서 생겨나는 문제들은 임원이나 팀장급에서 해결하는 것이 원칙이고, 사장의 지시에서 근본적으로 잘못된 것이 발견되면 사장에게 건의해 바로 잡는 것이 정상적인 명령체계일 것이다. 사장이 고집불통이라 불합리한 지시를 남발하고 다른 사람의 합리적 의견조차 듣지 않는다 하더라도 어쩔 수 없다. 실적이 말해줄 것이기 때문이다.

그렇기 때문에 직급이 올라갈수록 지시를 남발해서는 안 된다. 특히 사장이 한마디 툭 던진 것도 아래로 내려가면서 엄청난 부담이 된다. 만약 사장이 아첨꾼들에 둘러싸여 있다면 그나마 정상적인 피드백도 되지 않고, 어떤 지시도 잘 이행되고 있다는 보고만 계속되면서 회사는 멍들어갈 것이다.

실제로 어떤 회사에서 대주주이자 회장이 회의시간에 아이디어를 제안하면서 적용해보라고 했는데, 실제로는 현실에 전혀 맞지 않았다. 하지만 지시를 거역할 수 없어 이행하는 시늉을 했는데, 사장이 불쾌하게 여길까 봐 아무도 이 실태를 말하지 않았다. 회장의 지시는 조직에 상당한 부담을 주었지만 계속 이행되었는데, 결국 몇 년간을 '눈 가리고 아웅' 할 수밖에 없었다.

이는 경영자 주변에 사람은 많은 듯하지만, 정작 실상을 말해줄 사람은 없을 때 흔히 나타나는 '최고경영자 증후군'이다. 리더에게 사실을 보고해야 하는 사람이 리더의 노여움을 두려워하기 때문에, 직원들은 중요한 정보를 알고 있지만 리더는 정작 그 정보에 대해 차단된 상태를 말한다.

자연인으로서는 똑같은 사람들이지만 분업체계 속에서는 역할이 다르기에 그 말의 무게 또한 다르다. 팀장도 마찬가지다. 팀장이 한마디씩 지시하는 것이 팀원들에게는 그냥 흘려보낼 수 없는 것이다.

아이디어는 많은데 추진력이 떨어지는 사람이 팀장이 되면 이런 점에서 문제를 일으키기 쉽다. 머릿속에서 떠오르는 대로 이것저것 시키는 것은 많은데, 정작 중요한 일은 별로 없는 것이다. 팀원들 입장에서도 고역임은 당연하다.

팀장이라면 지시를 하거나 의견을 말할 때는 아주 신중해야 한다. 생각나는 대로 내뱉고 토론하자고 나서는 것은 아주 위험하다. 팀을 완전히 망가뜨릴 수도 있다.

팀장 자신이야 열린 마음으로 이야기한다고 생각하겠지만,

이를 액면 그대로 받아들일 조직원은 없다. 입장을 바꿔 생각해보면, 사장이 열린 마음으로 토론하자고 한다고 해서 직원들이 부담 없이 솔직하게 의견을 말할 것이라고 믿는 사람은 없을 것이다. 지시를 남발해 팀장의 말에 신뢰성이 떨어지면, 정작 지시가 필요한 시점에서 팀원들에게 먹히지 않는다는 것을 알게 될 날이 올 것이다.

40
지시는 최대한 구체적으로 해야 한다

팀 단위에서 일어나는 일은 매우 구체적인 일이다.
팀원에게 내리는 업무지시 역시 구체적이어야 한다.

"알아서 잘해봐." 이 말은 내가 직장생활 초년병 시절 업무지시를 하는 상사에게서 가장 듣기 싫은 말이었다. 일상적인 업무라면 알아서 잘할 수 있지만, 생소한 업무나 새로운 아이디어가 필요한 업무를 알아서 잘하라는 말에 황당해 하지 않을 직원은 없을 것이다.

그리고 업무지시를 "알아서 잘해봐."라고 내리는 상사는 대개 자신도 어떻게 처리해야 할지 감을 못 잡고 있는 경우가 많다. 이런 상사는 열심히 일해서 결과물을 들고 가봤자, 내용에 대해 적절한 지적도 못하고 오타나 고치면서 부하직원을 혼내기 십상이다. 상사 자신도 보고서를 제대로 이해하지 못하기에 임원이나 사장에게 직원의 노고를 제대로 인식시키지도 못한다.

CEO나 임원이라면 중간간부에게 지시를 하면서 "알아서 해 봐."라는 식의 지시를 내릴 수도 있다. 중간간부나 팀장에게 문제가 있다는 것만 이해시켜도 해결책을 마련할 수 있는 능력과 경험이 있다고 보기 때문이다.

그러나 팀장의 지시는 다르다. 팀 단위에서 일어나는 일은 매우 구체적인 일이다. 업무지시역시 대단히 구체적이어야 한다. 그리고 팀장 자신이 사안을 이해하고, 팀원과 논의하면서 전체적인 방향을 제시할 수 있어야 한다.

팀장이 팀원에게 "알아서 해봐."라는 식의 CEO가 내릴 지시를 상습적으로 남발하고 있다면 팀장 자격이 없다고 봐도 무방하다.

팀장이 팀원에게 지시를 할 때는 다음의 3가지에 유의해야 한다.

첫째, 과제를 분명히 정의해줘야 한다.

정보를 분류하고 정리하는 것인지, 문제점을 파악하기 위한 것인지, 문제에 대한 해결책을 생각해보는 것인지, 팀원입장에서 1차적 판단이 필요한 것인지 등을 분명하게 해야 한다. 팀장이 주는 과제가 정확히 정의되지 않는데, 결과물이 정확하게 나올 수가 없다.

둘째, 시한을 분명히 하라.

팀장이 업무지시를 하면서 시한을 분명히 해야 팀원도 업무의 우선순위를 정하고 자신의 업무계획을 세울 수 있다. 마감시간을 정확히 하지 않은 상태에서 팀장이 생각나는 대로 결과물을 챙긴다면 팀은 혼란에 빠진다. 특히 업무를 지시하면서 무엇이든 빨리 하라고 습관적으로 재촉만 하는 팀장은 팀원들의 기피인물이다.

셋째, 전후사정을 가능한 선에서 논리적으로 이해시켜라.

회사에서 수행하는 많은 과제는 나름대로 맥락과 흐름이

있다. 직급에 따라 필요한 정보수준은 다르기 때문에 팀장이 팀원과 모든 정보를 공유할 필요는 없다. 그러나 가능한 선에서 과제의 전후사정을 논리적으로 설명한다면 팀원 입장에서도 일하는 데 큰 도움이 될 것이다.

전후사정에 대한 설명 없이, 다짜고짜 과제만 던지는 상사는 정말 답답한 사람이라는 소리를 듣기 십상이다. 일하는 사람 입장에서는 결과물이 실제로 필요한 사람이 누구인지, 어떤 배경인지를 알아야 전후 맥락을 이해하고 방향을 잡을 수 있는데, 과제만 덜렁 던져놓으면 방향은 고사하고 일할 의욕조차 생겨나지 않는다.

팀장의 지시는 수준이 있어야 한다. 졸렬한 지시에서는 졸렬한 결과물이 따르는 게 당연하다. 그러므로 과제를 맡은 팀원이 헤매고 있다면, 팀원을 탓하기에 앞서 자신의 지시가 구체적이고 분명했는지를 돌아볼 필요가 있다.

41
대화와 타협만으로 갈등이 해소된다고 착각 말라

갈등해소에는 대화와 타협보다 합리적인 원칙이 우선이다.
원칙 없는 대화와 타협은 일시적인 평화를 가져올 뿐이다.

사람들이 모여 사는 한 서로간의 갈등은 숙명적이다. 개인과 집단의 욕구는 끝이 없고, 자원은 한정되어 있기 때문이다.

흔히 사회나 조직의 갈등원인은 다양하다고 말하지만, 내가 보기에 모든 갈등과 분쟁은 결국 돈에서 출발한다고 생각한다. 대외적 명분이 아무리 거창할지라도, 커튼을 젖혀보면 결국 돈 문제로 귀결된다.

회사 내 갈등도 마찬가지다. 회사는 승진 · 실적 · 평가를 둘러싸고 끊임없이 내부경쟁을 벌이는 조직이다. 이 갈등 역시 돈 문제다. 승진하거나, 실적을 인정받거나, 평가를 좋게 받는 것은 결국 돈을 얼마나 많이 그리고 얼마나 오랫동안 받느냐는 것으로 귀결되기 때문이다.

갈등을 해소하기 위해 대화를 한다고 해도 목소리 큰 놈이 이기기 십상이다. 그리고 타협한다는 것은 서로가 한 걸음씩 양보해 모든 참가자가 절충점을 찾아낸다는 뜻인데, 사실 타협은 모든 참가자가 어느 정도 불만을 품는 결과로 끝나기 쉽다. 이런 의미에서 타협을 비생산적이라며 질색한 사람이 르네상스시대의 정치사상가인 마키아벨리다.

사회나 조직 내에서 갈등은 불가피한 현상이고, 갈등해소를 위해 모든 사람을 만족시키는 해법은 없다. 단지 갈등 해결의 원칙이 합리적으로 설정되고 적용되는지가 중요하다.

갈등해소에는 대화보다 원칙이 우선이다. '대화'와 '타협'은 원칙을 지키기 위한 수단이다. 원칙 없는 대화와 타협은 잠깐의 평화를 가져올 뿐 장기적으로 오히려 갈등을 증폭시키는 독약이 된다.

가령 공기업은 분명한 주인이 없고, 정치적 타협의 산물로 최고경영자를 선임하는 경우가 많다. 따라서 경영자는 성과를 내기보다는 문제를 일으키지 않는 데 집중한다. 따라서 자신의 임기 중에 터지지 않을 문제는 일단 덮어두는 식이다.

이런 기업은 갈등해소에서 원칙보다 타협이 우선되는 경우가 많다. 원칙을 양보하더라도 노사분규와 같은 문제가 발생하지 않는 것이 경영자에게는 더 중요하기 때문이다. 흔히 내부갈등이 심한 공기업일수록 원칙 없이 운영된다.

팀 내부도 마찬가지다. 나름의 이해관계를 가진 사람들이 모여 있기에 갈등은 일어나기 마련이다. 다만 작은 조직이라 갈등구조가 단순하고, 갈등의 대상도 업무배분 · 실적 평가 · 승진 및 인간적 관계가 대부분이라는 점이 다르다. 팀장이 이러한 갈등을 굳이 숨길 필요는 없다.

그러므로 갈등의 원인이 되는 서로의 인센티브 구조를 냉정하게 파악할 필요가 있다. 겉보기에는 인간적 갈등일지라도 실질적으로는 경제적 동기에 기인한 경우가 대부분이기 때문이다.

팀장이 팀 내 갈등을 완벽하게 해소할 수는 없다. 그러나 원칙을 따른다면 불필요한 소모적 분쟁은 최소화할 수는 있을 것이다. 그 원칙은 성과에 따른 보상, 능력에 따른 인사, 헌신도에 따른 중용 등이다.

여기서 명심할 것은 원칙이란 세우기는 어렵지만 무너지는 것은 한순간이라는 점이다. 한 번 무너진 원칙은 이미 원칙이 아니다. 그러나 세워진 원칙은 조직을 지탱할 것이고, 팀장 자신이 앞으로 조직에서 성장하는 데 큰 자산이 될 것이다.

42
질책할 때는 성격이 아니라 일에 초점을 맞춰라

팀원들을 질책할 일이 있을 때는 철저하게 일에 집중하라.
성격이나 태도에 대해 지적하면 감정적으로 흐르기 쉽다.

"리더는 항상 웃는 얼굴로 사람들을 대하고, 부드러운 칭찬의 말로 사기를 높여야 성공한다."는 식의 이야기를 자주 듣곤 한다. 그렇게 할 수만 있다면야 백번 맞는 말이다.

그러나 현실이 어디 그러한가. 나는 이런 글을 쓰는 사람이 실제로 사람을 다루어 본 적이 있는지 의심스럽다. 조직에서 리더가 항상 웃고 칭찬하면, 인기 있는 정치인은 될 수 있을지라도 높은 성과를 얻는 경영자는 될 수 없다. 개인의 인기를 얻는 대신 조직은 죽는 것이다.

리더의 역할은 그렇게 단순하지 않다. 친밀감을 주면서도 존경받아야 하고, 편하게 대하면서도 긴장감이 흘러야 한다. 적절한 칭찬을 하면서도 때로는 단호하게 꾸중할 줄도 알아야 한다.

팀장이 항상 웃는 얼굴로 팀원들을 칭찬하면서도 팀이 잘 굴러가면 좋겠지만 현실은 분명히 다르다. 잘하는 사람은 더 잘하도록 도와주고, 못하는 사람은 잘할 수 있도록 도와주고, 도저히 안 되는 사람은 다른 길을 찾도록 해야 하는 것이 팀장의 현실적인 역할이다.

팀장이 팀원들을 독려하기 위해 칭찬과 꾸중, 당근과 채찍을 적절히 사용하는 것은 당연하다. 문제는 칭찬과 꾸중의 방식이다.

칭찬을 지나치게 많이 하는 것은 오히려 칭찬의 가치를 떨어뜨린다. 모든 사람에게 주는 훈장은 이미 훈장이 아닌 조롱거리에 불과하다. 과거 공산주의국가에서 국가회의를 할 때, 모든 고급간부들이 수십 개의 훈장을 주렁주렁 달고 있는 장면을 보면 훈장의 권위보다는 훈장의 남발이 더 크게 느껴졌다. 칭찬할 사람을 제대로 칭찬해야지, 무턱대고 칭찬하는 것은 오히려 리더를 우스갯거리로 만드는 코미디가 된다.

팀장으로서 해야 하는 곤혹스러운 일 중 또 하나는 팀원들을 야단치고 꾸중하는 것이다. 정상적인 사람이라면 다른 사람을 질책하는 일을 좋아하지는 않을 것이다. 그러나 조직 내 역할이라는 측면에서는 꾸중하는 것도 중요한 임무다.

꾸중해야 할 때 꾸중하지 않는 것은 칭찬해야 할 때 칭찬하지 않는 것보다도 수십 배의 해악을 조직에 끼치게 된다. 좋은 것보다는 나쁜 것의 전파속도가 더 빠르고, 잘못에 대해서 분명한 제재가 뒤따르지 않는다면 똑같은 잘못은 반복되기 때문이다.

그러나 꾸중하는 방법은 생각해볼 필요가 있다. 팀장도 사람이기에 팀원의 잘못에 대해서는 일단 감정이 앞서기 쉽다. 평소에 태도가 불량한 팀원이라면 더욱 그럴 것이다. 그러나 리더는 자기감정을 조절하고, 남의 감정을 헤아리는 감성리더십을 가져야 한다.

인간이란 논리적으로 설득당한 것은 받아들일 수 있어도 감정적으로 모욕당한 것은 절대로 잊어버리지 않는 법이다. 리더의 냉정한 판단으로 조직에서 불이익을 받은 사람에 대해서는 조직원들이 수긍하지만, 리더의 폭발하는 감정 때문에 조직에서 희생당한 사람이 생기면 조직원들은 리더를 피하고 내심 경멸하게 된다.

팀원들을 질책할 일이 있을 때는 철저하게 일에 집중해야 한다. 특히 공개적인 자리에서는 더욱 그렇다. 성격과 태도에 대해서 지적하는 것은 자칫 감정적으로 흐르기 쉽고, 이는 받아들이는 사람도 마찬가지다. 팀원입장에서도 조직생활을 하면서 업무라면 몰라도, 성격과 태도까지 상사가 이래라 저래라 통제하는 것은 부당하다고 생각할 수 있기 때문이다.

만약 팀장이 진심으로 팀원을 위하는 입장에서 성격과 태도에 대해 조언하고 싶다면 신뢰가 쌓인 가까운 사이에 국한하는 것이 좋다.

43
회의를 팀장 개인의 연설장으로 만들지 말라

회의가 팀장의 자화자찬이나 잡담 비슷하게 흐르도록 하지 말라.
회의의 주재자인 팀장은 회의의 질서를 잡는 역할에 집중하자.

회의하는 것을 보면 그 회사의 수준을 안다고 했다. 회의를 하는 방식과 수준은 회사의 모든 것이 녹아있는 결정체이기 때문이다. 회의준비부터 시작해서 회의시간 엄수, 의견발표, 결론을 내리는 전 과정에 걸쳐 기업문화와 실력이 녹아들어 있다.

회의에도 여러 가지 형태가 있다. 결정된 지시사항을 전달하는 회의, 문제를 해결하기 위한 토론형 회의, 정보교류를 위한 세미나형 회의가 그것들이다.

잘되는 회사는 목적에 따라 회의방식도 달라지지만, 안 되는 회사는 모든 회의가 지시형으로 진행된다. 토론을 위해 모였든 정보교류를 위해 모였든 상관없이, 준비된 자료만 무미건조하게 읽고 상사의 지시사항만 듣고 끝난다.

겉으로는 자유로운 의견개진을 하라고 하지만, 그랬다가는 찍힌다는 것을 알기에 감히 상사와 다른 의견을 내는 것은 엄두를 내지 않는다.

팀장이라면 회의에 참석할 일도 많겠지만 회의를 주재할 일도 많다. 그리고 대개 회의의 질은 회의를 주제하는 사람의 성향과 능력에 따라 결정된다.

고집 세고 아이디어도 없으면서 말하기 좋아하는 상사가 주재하는 회의에 들어간다는 것은 거의 고문에 가깝다. 이런 회의는 주제가 무엇이든 결국은 상사의 자화자찬이나 들어주다가 끝나기 십상이고, 회의시간까지 길게 마련이다.

팀장이 되었다면 먼저 자신이 가장 들어가기 싫었던 회의를 연상해보라. 그 회의에서 얻은 교훈을 팀장 자신이 주재하는 회의에 반대로 적용해보면 답이 나온다.

팀장이 회의를 알차게 진행하면 효율성도 높아지고 팀원의 사기 또한 향상된다. 무의미한 회의에 여기저기 끌려 다니는 것만큼 직장생활을 염증 나게 하는 일도 없음을 회의를 주재할 때마다 상기하자.

팀장은 생산적인 회의의 진행을 위해 다음의 4가지 원칙을 늘 새겨야 한다.

첫째, 회의목적을 사전에 생각해보라.

지시사항 전달, 토론을 통한 결론도출, 공유해야 할 정보교환 등 회의목적은 유형이 있다. 이를 주재자인 팀장 자신이 분명히 설정하는 것이 효율성을 확보하는 첫 걸음이다.

지시사항 전달은 질문에 대한 간단한 답변으로 충분하지만, 토론을 통한 결론도출이 목적이라면 자유로운 아이디어를 교환하면서 공감대를 이뤄가는 것이 중요하다. 당연히 시간도 많이 걸리고, 회의 준비도 목적에 따라 달라질 것이다.

둘째, 팀장의 연설장으로 만들지 말라.

저급한 사람이 리더가 되면 회의부터 지저분해진다. 회의가 리더의 단순 지시형 회의라면 몰라도 팀장은 회의를 이끌어 갈 뿐 발언은 가급적 자제하라.

사람이란 마이크를 잡으면 말이 많아진다. 그리고 회의의 주재자가 떠들기 시작하면 다른 사람은 입을 닫는다. 조직사회란 알게 모르게 서로 눈치를 보게 마련인데, 주재자가 먼저 이야기를 시작하면 다른 사람의 역할은 맞장구치는 것으로 제한된다.

겉으로는 활발한 토론과 의견개진을 하자고 해놓고, 막상 다른 의견을 낸 사람이 소위 찍히는 일은 흔하다. 리더가 자신의 말솜씨에 도취되어 떠드는 버릇이 생기기 시작하면 이미 조직에서 고문관의 길로 들어섰다고 봐도 틀림없다.

셋째, 회의와 적당한 거리를 유지하라.

토론이나 세미나형 회의에서 팀장은 다른 사람들의 의견을 들어가면서 자신의 생각을 가다듬는 것이 우선이다. 단, 회의가 주제를 상실하고 표류하거나, 중구난방으로 흐르면서 목소리 큰 사람만 떠들기 시작한다면 이는 팀장이 바로잡아야 한다. 회의의 주재자는 회의에서 질서를 유지하는 경찰의 역할을 담당해야 한다.

넷째, 항상 결론을 내리고 정리를 하라.

목적을 가지고 모였으면 그 목적에 맞게 결론을 내려라. 최소한 결론이 나지 않더라도, 그 결론을 내기 위해 다음 회의는 어떤 주제로 진행되어야 한다는 것은 결정해야 한다. 지시하기 위해 모였으면 지시사항을 다시 정리하고, 토론을 위해 모였으면 토론 결과를 정리하고, 정보교환을 위해 모였으면 핵심정보를 정리하면 된다.

회의 정리 시간은 길어야 2~3분이면 충분하다. 회의 말미에 또다시 중언부언하라는 것이 아니라, 모인 목적과 결과를 다시 한 번 참석자들에게 각인시키라는 것이다.

44
팀원과의 스킨십은 일방적 연설이 아니라 대화다

팀장이 명심할 것은 스킨십이 다른 형태의 대화라는 점이다.
대화라는 개념이 없는 일방적인 스킨십은 불편함만 증폭시킨다.

조직생활을 하다 보면 이런 저런 모임에 참석하게 된다. 신입사원 환영회, 망년회, 입사동기 회식처럼 공식적 성격의 모임부터 가까운 직장동료끼리 어울려 시간을 보내는 일도 자주 있다. 이는 스킨십을 통해 친밀감을 만드는 과정이다.

사람 간의 친밀감이란 조직생활의 윤활유이고, 친밀감을 확보하는 데 서로 어울리는 스킨십처럼 효과적인 것도 없다. 스킨십을 통해 서로 간의 경계심을 누그러뜨리고, 관계를 편안하게 만드는 것은 사람이 살아가는 한 언제나 필요한 덕목이다. 이런 이유에서 많은 경영자들은 직원들과의 스킨십을 중시한다.

조직이 커질수록 직원 개개인과 경영자의 깊이 있는 스킨십은 어려울지라도 개별접촉의 기회를 가질 수 있는 다양한 형태를 개발한다. 저녁시간에 직원들과 경영자가 호프집에서 만나는 호프미팅, 직원들과 점심을 돌아가면서 함께하는 런치미팅이 그런 예다.

예나 지금이나 함께 밥 먹고 술 마시는 저녁자리만큼 강력한 스킨십 도구는 없다. 요즘은 덜하지만 내가 신입사원이던 시절만 해도 부서장이 저녁 먹자고 하면 있는 약속도 취소하고 가는 분위기였다. 이런 자리를 통해 다른 부서 동료들도 알게 되고, 교류의 범위를 넓혀 나가는 것은 사회생활에서 당연한 일이다.

팀이나 부서 단위에서도 다양한 형태의 스킨십이 이루어진다. 여러 가지 명목의 회식, 등산과 같은 운동, 영화를 함께 보는 것 등이다. 팀장이라면 공식적인 업무관계를 떠나 팀원들과 가까이 지내고 싶어하는 것이 당연하다. 따라서 다양한 이벤트를 만들어 스킨십을 가진다. 이런 과정에서 쌓여진 친밀감은 팀장의 리더십을 확충하는 기능을 한다.

팀장이 명심해야 할 것은 이러한 스킨십은 다른 형태의 대화라는 점이다. 대화는 상호작용이 전제되는 것이다. 반면 대화라는 개념이 없는 일방적인 스킨십은 친밀감은커녕 불편함만 증폭시키는 따분한 연설이다. 팀장은 나름대로 생각이 있어서 스킨십 기회를 만들지만 팀원들은 전혀 바라지 않는 형태일 때 나타나는 현상이다.

과유불급이라고 했다. 문제는 무엇이든 지나친 데서 발생한다. 술 좋아하는 상사 중에는 부하직원이 술을 좋아하건 말건 상관하지도 않는 사람도 많다. 부하직원을 무조건 술자리로 끌고 가서 술 마시면서 자신은 부하직원과 친해지고 있다고 생각한다. 그러나 달리 생각하면 부하직원 입장에서는 술자리에서 군기 잡히고 있다고 느끼는데, 자신은 스킨십을 한다고 생각하는 것이다.

술을 잘 하지 못하는 나에게 술을 강권하는 상사와의 술자리는 상당히 고통스런 시간이었다. 그런데 특이한 것은 술을 잘 하는 동료들에게조차 이런 상사는 기피인물이었다는 점이다. 가뜩이나 직장상사와의 술자리는 조심스럽기 마련인데, 부하직원을 술자리에 불러 놓고 같은 이야기를 반복하면서 피곤하게 하는 상사를 술을 잘 먹는 것과 상관없이 좋아할 사람은 없다.

스킨십은 필요하지만 이는 일방적 연설이 아니라 대화여야 한다. 스킨십이 정신교육이 아니라 격의 없는 관계를 위해서라면 상대방을 배려해야 하는 것이다.

술 못하는 부하직원을 술 잘하는 팀장이 술자리에 끌고 간다는 것은 그 자체가 고문이 될 수 있다. 그러나 역설적으로 팀원들이 술을 좋아한다면 팀장이 술을 잘 못해도 술자리를 만드는 것이 옳다. 팀원들이 등산을 좋아한다면 등산도 좋고, 함께할 수 있는 스포츠도 스킨십의 도구로 강력하다.

중요한 것은 경험을 공유할 수 있고, 함께 즐길 수 있는 형태의 스킨십이 필요하다는 점이다. 팀장은 자신이 좋아하는 것과 효과적인 스킨십의 기회는 다르다는 것을 알아야 한다.

조직에서 스킨십은 분명히 효과가 있다. 그러나 스킨십이 팀장의 일방적 연설이 아닌 상호간의 대화라는 인식이 먼저 필요하다.

재미있는 대화는 몇 시간도 가능하지만 일방적인 연설을 듣는 것은 10분도 긴 시간이다. 마찬가지로 팀원들과 대화하는 스킨십은 즐겁고 유익하지만, 일방적 연설형태의 스킨십은 팀원들의 직장생활에 스트레스만 더할 뿐이다.

45
불쾌감이나 경멸감부터 드러내지 말고 일단 들어라

가장 중요한 것은 팀원이 전달하고자 하는 내용을 아는 것이다.
중언부언 등의 서투른 전달방식에 짜증부터 내는 건 금물이다.

로마제국 전성기의 하드리아누스 황제는 차기 황제로 내정된 마르쿠스 아우렐리우스를 가르칠 교사를 직접 선발하면서, 출신지를 로마로 제한하지 않고 그리스 · 동유럽 · 북아프리카 등 다양한 지역으로 열어놓았다.

로마 제국의 공용어는 라틴어와 그리스어였지만, 두 언어를 모국어로 쓰지 않는 지방에서 태어난 사람은 아무래도 표현이 서툴렀고 문법상 잘못도 저지르기 쉬웠다. 훗날 철인哲人 황제로 불리는 마르쿠스 아우렐리우스는 그런 사람의 말도 불쾌감이나 경멸감을 드러내지 않고 듣는 훈련을 받았다.

가장 중요한 것은 상대가 전달하고자 하는 내용을 아는 것이고 전달방식은 다음 문제였다. 교사들은 상대방의 어법이나 억양의 잘못을 바로 잡으면 절대 안 된다고 가르쳤다. 통치자 앞에서 입을 다무는 사람이 많으면 통치자에게 이롭지 않다는 것이 그 이유였다고 한다.

흔히 "상대방의 말을 경청하라."라고 하지만 역시 말은 하는 것보다는 듣는 것이 항상 어렵다. 특히 상사로서 부하의 중언부언을 듣는 것은 정말 짜증나는 일이다.

그러나 팀장이 알아야 할 점은 자신 앞에서 중언부언하고 있는 부하도 나름대로는 최선을 다하고 있다는 점이다. 상사에게 불쾌감을 주는 일을 좋아할 사람은 없기 때문이다. 부하가 열심히 설명하고 있는데 상사가 사소한 실수를 문제 삼아 불쾌감이나 경멸감을 나타낸다면, 팀장이 이 직원으로부터 솔직한 이야기를 듣는 기회는 다시 없을 것이다.

황제와 같은 통치자가 듣는 말은 의사결정을 위한 보고이거나, 알아야 할 사항은 설명하는 것이다. 황제에게 다양한 사람이 와서 말할 때 황제가 전달하고자 하는 내용보다도 전달방식을 문제 삼고 불쾌감을 표시한다면, 다음부터는 전달내용을 잘 아는 사람보다는 전달방식이 세련된 사람들만 말할 기회를 얻게 된다.

팀장도 마찬가지다. 직장에서 팀장이나 간부가 듣는 말도 결국 보고 아니면 설명이다. 팀장이 전달방식을 문제 삼는다면 팀장은 내용을 정확히 아는 사람보다는 보고를 매끄럽게 잘하는 사람들에게 둘러싸이기 쉽다.

특히 부하직원으로서는 자신의 말이 전달내용이 아니라 전달방식 때문에 상사를 불쾌하게 했다고 생각한다면 가급적 말하는 기회를 가지려 하지 않을 것이다. 전달내용에 문제가 있으면 고치면 그만이지만, 말투나 억양과 같은 전달방식은 쉽사리 고쳐지는 것이 아니기 때문이다.

이 부하직원은 팀장이 바뀌기를 기다리거나, 아니면 자신이 팀을 옮기기를 염원하면서 팀장의 영원한 반대자로 자리 잡을 가능성이 높다.

46

말이 앞서는 평론가가 아니라 행동가가 되어라

정상적 조직에서는 평론가가 아니라 행동가가 인정받는다.
팀원이 아니라 한 팀의 팀장이라면 더욱 그러할 것이다.

하찮은 것도 자신이 실제로 해보면 어렵고, 남이 해놓은 일에 대해 흠 잡는 것은 손바닥 뒤집기처럼 쉬운 일이다.

세상에는 조그만 것이라도 자신이 만들어가면서 사는 사람과, 남이 해놓은 것에 말이나 거들면서 먹고사는 사람이 있다. 다시 말해 '감 만들고 배 만드는 사람' 따로 있고, '감 놔라 배 놔라' 떠드는 사람 따로 있다. 그런데 떠드는 사람이 일하는 사람보다 대접받고 큰소리치는 경우가 많다.

조직에서도 평론가와 행동가가 있다. 평론가는 끊임없이

다른 사람의 행동과 성과에 대해 관찰하고 평가한다. 평론가는 본래 특성상 다른 사람의 성취를 인정하기 보다는 깎아내리고 문제점을 부각시킨다.

평론가들은 자신에게는 관대하고 타인에게는 가혹하다. 그러나 정의롭게 보이는 것은 대개 평론가들이다. 그럴듯한 언변과 논리가 이들의 무기이기 때문이다.

회사는 명분보다는 실리, 당위성보다는 성과를 먹고 사는 조직이다. 남이 해놓은 것을 평론하는 사람보다는, 조그만 성과라도 이루어나가는 사람이 중심이 되는 조직이다. 제대로 돌아가는 회사라면 평론가보다 행동가가 대접받는다.

그러나 제도적 독점이나 국민의 세금에 기대어 생존하는 기업에서는 평론가들이 활개치고 다닐 수도 있다. 이런 조직도 성과와 효율을 내세우고 있기는 하지만 이는 허울일 뿐이다. 실제로는 내부 정치적 역학관계에서 개인의 영달이 결정되고, 외부에 있는 의사결정자와의 관계 속에서 조직의 생존이 보장되기 때문이다. 시장에서 경쟁하지 않고 정책적 보호

막 속에서 생존하는 조직의 속성이다.

평론가들이 득세한 조직에서 가장 손쉬운 생존방식은 '남의 뒷다리를 잡는 것'이다. 내가 성취하기에는 어려워도 남의 성취를 비난하기는 쉽기에, 조그만 실적도 인정하기보다는 폄하하면서 평준화를 이루는 것이다.

이런 조직에서는 '모난 돌이 정 맞는' 문화가 지배적이다. 평론가들이 득세하기 시작하면 아무리 잘되는 기업도 쇠락의 길로 들어설 수밖에 없다. 말은 많아지는 반면, 행동은 뒤따르지 않기 때문이다.

정상적인 조직에서는 끊임없이 문제를 제기하고 다른 사람을 논평하는 직원도 환영 받지 못하지만, 팀원이 아니라 팀장이라면 더욱 그러할 것이다. 평론가인 부하직원이 상사를 비난하는 것은 개인의 취향이지만, 평론가인 상사가 부하직원을 폄하하는 것은 리더십의 문제와 연결된다. 행동보다 말이 앞서는 상사에 대해 신뢰감과 존경심을 가지기는 어렵다.

47
고집쟁이 팀장 앞에서는 팀원들이 입을 닫는다

//

피드백 사고구조가 아예 없는 팀장들을 많이 볼 수 있다.
문제는 팀장의 고집이 팀 전체의 의사소통을 단절하는 데 있다.

"머리는 빌릴 수 있어도 건강은 빌릴 수 없다." 어느 전직 대통령의 말이 있었다. 나는 이 말을 "무능은 용서할 수 있어도 고집은 용서할 수 없다."라고 바꿔 말하고 싶다. 달리 표현하면 "능력은 보완할 수 있지만 성격은 보완할 수 없다."라고도 할 수 있을 것이다.

팀장 자신의 능력이 부족하면 다른 사람의 능력으로 보완할 수 있다. 물론 머리를 빌리려면 빌리는 사람의 기본적 소양은 필요하다. 그러나 팀장이 무능하면서 자신의 부족함도 인정하지 않는 고집을 가지고 있는 사람이라면, 자기 식대로 가는 수밖에 없다. 비합리적이고 고집 센 성격은 다른 사람이 보완해줄 수 있는 것이 아니기 때문이다.

나의 직장생활 경험으로도 가장 힘들었던 상사는 능력 없는 사람이 아니라 고집 센 사람이었다. 상사의 능력이 부족하면 아랫사람이 보완해줄 수 있다. 무능하지만 다른 사람의 도움에 고마움을 느낄 줄 아는 상사라면 부하로서 받아들이고 동료의식을 가질 수 있었다.

그러나 고집 세고 괴팍한 사람은 대책이 없다고 해도 과언이 아니다. 고집 센 사람의 특징은 사소한 일과 중요한 일을 구분하지 않고 무작정 억지를 부리는 것이다. 일의 경중을 구분하지 않고 부하들이 아무리 조언을 해도 자신의 고집만 부리는 상사를 대하면, 직장생활에 대한 회의를 넘어서 인간에 대한 연민을 느끼기까지 했다.

고집쟁이 팀장이라고 자신만이 옳다고 강변하는 정신이상자를 연상하면 착각이다. 일정 수준의 교육을 받은 사람이란 자신을 나름의 합리성과 논리로 무장시키는 것도 어느 정도 배운 사람이다. 따라서 억지를 부리면서 고집을 꺾지 않는 것에도 나름대로의 이유는 들먹인다.

그리고 이런 고집쟁이들은 토론과 대화라는 것을 극히 자기중심적으로 받아들인다. 아무리 장시간 토론을 하고 대화를 해도, 자기 고집이 먹혀들지 않으면 끝내는 법이 없다.

상대방이 지쳐서 '될 대로 돼라.'는 심정으로 물러설 때까지 온갖 이유를 들어가며 자신의 논리를 편다. 상대방이 합리적으로 설득당한 것이 아니라 무의미한 논쟁이 지겨워서 받아들인 것도, 자신이 상대방과 성의를 가지고 대화한 결과라고 아전인수 격으로 생각하는 사람들이다.

이들은 다른 사람들이 자신을 고집쟁이라고 할지언정 자기 자신은 소신 있는 사람이라고 생각한다. 한마디로 말해서 피드백 사고구조가 아예 없는 것이다.

팀원들은 팀장이 억지부리는 고집쟁이라는 것을 알게 되면 당연히 말문을 닫는다. 아무리 논리를 가지고 떠들어봐야 팀원인 자신의 입만 아프다는 것을 경험으로 알고 있기 때문이다. 따라서 고집쟁이 팀장이 한마디 하면 그냥 그대로 받아들이고 하라는 대로 해버린다. 자신의 아이디어가 반영될 여지가 없는 상태에서 불필요한 소모전을 벌일 사람은 없다.

물론 고집쟁이 자체가 '좋고 나쁘다'라고 쉽게 말할 수는 없다. 사람이 살아가는 양상은 다양하기에, 자신의 고집대로 사는 것도 어엿한 자신의 선택이다. 예술이나 스포츠 분야에서 고집쟁이들이 이루어내는 성취도 때로는 크다.

그러나 조직 속에서 팀장의 역할을 하고 팀원들을 이끄는 것은 다른 차원이다. 판단에 대한 최종 책임은 팀장에 있더라도, 이를 위한 논의와 의사결정과정 자체는 열려 있어야 하고, 합리적이어야 한다는 의미에서다.

성격이란 자신이 타고난 것이고 평생을 살아오는 과정에서 형성된 것이라 쉽사리 변하지 않는다. 그러나 팀장이라면 이 문제를 단순히 대할 수는 없다. 고집쟁이 팀원의 고집은 다른 사람을 불편하게 하는 성격상의 특성으로 이해하면 그만이지만, 고집쟁이 팀장의 고집은 팀 전체의 의사소통을 단절하고 팀을 망가뜨리는 악덕이 되기 때문이다.

고대 중국의 경전 『주역』에 '군자표변君子豹變'이라는 말이 나온다. 가을철 표범이 털갈이를 해 화사하게 변하는 것처럼 군자는 신속하게 자기 변혁을 한다는 뜻이다.

이처럼 팀장은 다른 사람들의 합리적 조언에 표범처럼 변할 수 있는 자질이 필요하다. 고집쟁이가 팀장이 되었다면 일단 팀원들의 엄청난 스트레스가 불가피하다.

고집쟁이 팀장이라고 성과를 내지 말란 법은 없다. 그러나 일이 잘 풀릴 때는 상관없지만, 상황이 한 번 꼬이기 시작하면 걷잡을 수 없이 나락에 떨어진다.

48
신뢰는 오랫동안 거래한 은행계좌처럼 쌓인다

팀장은 감정계좌의 잔고관리를 평소에 부지런히 해야 한다.
팀장과 팀원 간에 개설된 감정계좌에 쌓이는 잔고는 신뢰다.

스티븐 코비는 『성공하는 사람들의 7가지 습관』에서 사람 간의 관계를 은행계좌를 개설하고 잔고를 불려나가는 것에 비유했다.

"감정은행 계좌란 인간관계에서 구축하는 신뢰의 정도를 은유적으로 표현한 것이다. 만약 우리가 다른 사람에 대해 공손하고, 친절하며, 정직하고, 약속을 잘 지킨다면 우리는 감정을 저축하는 셈이 된다. 그러면 그 사람이 우리에 대해 갖는 신뢰가 높아지기 때문에 우리는 필요할 때마다 그러한 신뢰를 이용할 수 있다. 그러나 만약 다른 사람에게 불친절하고, 무례하고, 말을 막고, 무시하고, 독단적이라면 감정계좌는 잔고가 바닥나거나 차월借越 된다. 즉 신뢰수준이 매우 낮아진다. (중략)

우리가 일상적으로 접촉하는 사람들과 이룩하는 감정계좌는 좀더 규칙적인 예입을 요구한다. 왜냐하면 우리가 매일 하는 상호작용이나 상대방의 우리에 대한 오해에서 자신도 모르는 사이에 자동인출이 발생하기 때문이다."

인간관계의 형성을 은행계좌에 비유한 이 대목은 회사는 물론 가족까지 포함한 모든 형태의 인적 네트워크에 적용된다. 특히 팀 같은 소집단 관계를 적절히 나타내고 있다. 팀 구성원은 매일 일상적으로 접촉하는 관계이고, 팀 내부의 인간관계는 성과와 직접 연결되기 때문이다.

팀장이 되었다는 것은 팀원과 각각의 감정계좌를 개설한다고 볼 수 있다. 시간이 가면서 이 감정계좌에는 예입과 인출이 반복되면서 잔고가 쌓인다. 무능하고 무례한 팀장이라면 대부분의 계좌가 마이너스 잔고로 갈 것이고, 유능하고 예의 바른 팀장이라면 잔고수준이 높아질 것이다.

만약 마이너스 잔고인 팀장이 중요한 문제가 생겨 팀원들의 열성적 협력을 필요로 한다고 치자. 이 상황을 타개하기 위해서는 팀장과 팀원의 감정계좌에 상당한 잔고가 필요한데 현실은 그렇지 못하다.

팀장은 팀원들을 모아놓고 협력을 호소하겠지만, 은행계좌에 거액이 들어오는 것은 요행이듯이 감정계좌 잔고 역시 단시간에 늘어나기는 어렵다.

따라서 팀장은 감정계좌 잔고관리를 평소에 부지런히 해야 한다. 이 잔고는 거액의 입출금보다는 일상적이고 소규모의 예입과 인출로 늘어나기에 한두 번의 돌발적 행동보다는 평소의 꾸준한 감정계좌관리가 요체다.

스티븐 코비는 응급처치식 인간관계가 존재하지 않듯이 감정계좌에도 응급처치식 접근법은 허망한 신기루라고 말하면서, 감정계좌를 평소에 예입하기 위한 수단을 제시한다. 그것은 바로 '상대방에 대한 이해심, 사소한 일에 대한 관심, 약속의 이행, 기대의 명확화, 언행일치, 진지한 사과'의 6가지다.

팀장과 팀원 간에 개설된 감정계좌에 쌓이는 잔고는 결국 신뢰다. 이 신뢰는 장기간에 걸쳐서 조금씩 쌓인다. 팀장이라면 자신의 팀원들과의 사이에 개설된 계좌의 잔고를 지속적으로 늘려가야 한다. 신뢰는 하루아침에 쌓이는 것이 아니라, 조금씩 쌓여가다가 어떤 계기를 맞아 크게 되는 것이다.

5장

위로부터도 인정받는 팀장이 되어라

49
야심을 가져라, 그러나 허영에 빠지지는 말라

팀장이 되었다면 허영에 빠지는 것을 조심하기 시작해야 한다.
다른 사람의 호평에는 고마워하되 중심을 잃지 않아야 한다.

야심은 뭔가를 해내고 싶어하는 의지이고, 허영은 남들에게 칭찬받고 싶다는 소망이다. 리더로서 성공하려면 야심은 보약이지만 허영은 독약이다. 야심의 출발점은 자신의 내면이지만 허영은 변덕스러운 타인들의 찬사에 휘둘리는 것이다.

팀장이 되었다면 이제 야심을 가져라. 자신의 분야에서 구체적인 성취를 이루어보겠다는 의지를 가지라는 뜻이다. 이제는 어린 시절 흔히 가지는 막연한 희망이 아니라 현실성 있는 목표를 세우고 경력을 관리해야 한다.

그리고 팀장이란 사람을 다루는 조직의 책임자라는 점에서 초보적인 경영수업을 받을 수 있는 기회다. 같은 사람도 친구로 지낼 때와 함께 일을 할 때는 서로 관계가 달라지듯이, 팀장이 되어 리더십으로 팀원들을 이끌고 구체적 목표를 달성해나가는 경험은 조직 내에서 더 크게 성장할 수 있는 경험을 쌓는 것은 물론 조직을 떠나서도 자신의 인생에 큰 힘이 될 무형자산을 축적하는 것이다.

한편 팀장이 되었다면 허영에 빠지는 것을 조심하기 시작할 때다. 칭찬받고 싶어하는 허영심은 모든 사람의 기본적 특성이고, 잡초처럼 끈질기게 뿌리박고 있다. 그러나 이를 경계하고 조심하는 정도는 사람에 따라 다르다.

다른 사람의 호평에는 고마워하되 자신의 중심을 잃지 않아야 한다. 한 번 허영심에 물들기 시작하면 사람들의 시선과 인기를 필요 이상 의식하게 되고 아부에 약해진다.

팀장급은 연령적으로도 최소한 30대 중반을 넘어서는 나이다. 20대 후반부터 쌓아온 나름의 경험을 바탕으로 팀장이 되었다는 것은 연부역강年富力强, 즉 시간도 충분하고 역량도 강하다는 뜻이다. 자신만의 영역을 확보한 최고의 전문가가 되겠다는 목표를 세워 현실화할 수 있는 출발점에 섰다.

이 시점에서 지나간 성취에 매몰되고 다른 사람의 칭찬에 휘둘리기 시작하면 더이상 발전은 없다. 다시 출발선에 섰다고 생각해야 한다.

팀장이라면 이제 진정한 야심을 가질 필요가 있다. 나름의 사회경험을 자산으로 확고한 비전과 치밀한 계획을 가지고 이를 효율적으로 집행할 수 있어야 한다. 자신의 야심과 이를 뒷받침하는 능력으로 인정받는 팀장이야말로 앞서가는 팀장이다.

50 평판은 위로부터가 아니라 밑에서부터 쌓이는 것이다

차츰 연륜이 쌓여 팀장이 되면 평가보다는 평판이 중요해진다.
팀장 이상의 간부라면 부하를 이끄는 리더십이 중요하기 때문이다.

원시시대에 사람들의 언어가 정교하게 발달한 동기는 무엇일까? 사냥할 때 서로 돕기 위해? 사람간의 애정을 깊이 있게 표현하기 위해? 맹수나 적들의 침입을 알리기 위해? 아니면 심심할 때 잡담하기 위해?

진화심리학에서는 사람들의 언어가 잡담하기 위해서 발달했다고 한다. 그리고 이 잡담은 사람들의 시시콜콜한 이야기를 듣는 것이 목적이라고 한다.

시시콜콜한 이야기를 듣는 목적은 집단생활 속에서 서로의 평판을 듣고 확인하기 위함일 것이다. 능력 있고 신뢰할 수 있는 구성원을 미리 알아내고 친해지는 것은 집단 내 개체의 생존능력을 높이기 때문이다.

현대사회도 마찬가지다. 사람들은 끊임없이 만나고 이야기한다. 회사에서도 각자의 지위와 입장에 따라 서로 만나고 이야기하는 일이 되풀이된다. 이 잡담 속에서 얻어가는 중요한 정보는 다른 사람에 대한 정보다.

직원들 간의 저녁 술자리에서는 회사 내 모든 팀장과 간부가 안주거리다. 온갖 사람을 비난하기도 하고 칭찬하기도 하면서 실제로는 사람들의 실질적인 정보가 오가고 평판이 만들어진다. 이런 비공식적 정보유통을 통한 실질적 평판의 형성은 직급을 막론하고 이루어진다.

평판은 의외로 생명력이 길 뿐더러 일관성이 있다. 경험상 경력사원을 뽑을 때 평판을 알아보면, 몇 군데에서 듣는 평판은 상당히 일치했다. 사람 간 친밀도에 따라 표현의 차이는 있지만, 한 사람이 사회생활에서 얻은 일반적 평판은 거의 동일하다는 것이다.

직원 시절에는 평판reputation이 아니라 평가evaluation가 중요하지만, 차츰 연륜이 쌓여 팀장이 되면 평가보다는 평판이 중요해진다. 평가란 상사들이 일 잘하고 성실하다고 좋게 봐주면 충분하다.

그러나 팀장이나 임원이 되면 함께 일하는 직원들 간의 평판이 중요하다. 팀장 이상의 간부라면 부하직원들을 이끄는 리더십이 중요해지기 때문에, CEO가 간부급을 평가할 때 직원들의 평판을 중시하는 것은 당연한 일이다.

이 평판은 인기popular와는 다른 것이다. 직장에서의 평판은 '좋다, 나쁘다'를 넘어서 '합리적이다, 같이 일할 맛 나는 추진력 있는 사람이다'라는 식으로 업무능력과 관련되어 있다는 점에서 연예인의 인기와는 구별된다.

팀장이 되었다는 것은 이제 사람들 사이에서 자신의 평판이 본격적으로 형성된다는 것을 의미한다. 팀장인 자신의 합리성, 추진력, 지적능력, 심지어 술버릇에 이르기까지 다양한 측면에 대해서 여러 가지 이야기가 오갈 것이다. 그리고 이 사람들 사이에 쌓여진 평판은 회사 내부는 물론 외부에서도 큰 영향을 준다.

특히 사회생활 경력이 10년을 넘어서기 시작하는 30대 후반 이상이면, 한 개인이 쌓은 사회적 평판은 감추기 어렵다. 흔히 말하듯 세상은 좁기에 한두 다리 건너면 모두 아는 사람이기 때문이다.

팀장 시절에 쌓이기 시작하는 평판은 평생 자신을 따라다닐지도 모른다. 대개 회사를 떠나서 다른 분야의 일을 하더라도, 회사에서 쌓은 평판이 때로는 도움이 되기도 하고, 그렇지 않기도 하다.

좋은 평판은 평생의 자산이 된다. 팀장이 되었다면 이제 자신의 평판이 본격적으로 형성된다는 것을 알아야 하고, 좋은 평판을 얻기 위해 노력해야 한다.

단, 평판을 얻으려고 하되 인기를 얻으려 하지 말라. 인기는 물거품이지만 평판의 생명력이 길다. 그리고 좋은 평판을 얻기 위한 최고의 방법은 합리성과 정직함이다.

51
경영진의 측근이 아니라 분신이 되어라

팀장급 간부라면 자신이 경영진의 분신이라는 개념을 가져야 한다.
CEO의 철학과 관점을 이해하고, 이를 자신의 팀에 전파해야 한다.

중견간부라면 경영자의 철학과 목표를 이해하고 실천하는 분신이 되어야 한다. 분신은 리더와 같은 철학을 공유하고, 리더와 나란히 서서 같은 목표를 본다.

분신들은 그래서 회사의 또 다른 리더들이고, 어떤 상황을 만났을 때 리더와 같은 관점에서 사물을 보고 리더와 같은 결정을 내릴 수 있는 사람이다. 분신은 성과로써 평가받고, 같은 철학으로 동질감을 형성한다.

분신과 비슷하지만 완전히 다른 부류가 측근이다. 측근은 말 그대로 리더의 주위를 맴돌 뿐 정신을 나누지는 않는다. 이들은 리더의 철학이나 목표에 관심이 있는 것이 아니라, 리더의 관심사에 관심을 가진다. 이들은 리더와 나란히 서서 같은 목표를 향하는 대신 리더와 마주서서 리더의 심기와 얼굴을 살핀다.

측근은 리더의 기분이나 취향을 읽는 데는 빠르지만 리더의 목표나 가치관에는 무심하다. 잘되는 회사에서는 분신이 양성되지만, 안 되는 회사는 측근만 득실거린다.

13세기 전반 온 세계를 뒤흔들어놓은 몽골제국의 정복은 분신의 힘을 보여주는 역사적인 예다. 전 세계를 지배한 몽골제국은 각지에 도시를 건설하고 교통망을 정비해 교역을 촉진시켰고, 화폐 단위도 통일했다. 소위 세계화를 처음으로 시작한 민족이었다.

이러한 대성공의 뒤에는 징기스칸이라는 걸출한 지도자가 있었다. 그가 단기간 내에 대제국을 일으켜 효율적으로 통치할 수 있었던 비결은 자기와 닮은 지도자를 키워서 사방으로 보냈던 것이라고 한다.

개인적인 경험에 비추어 보면, 회사나 조직의 규모에 상관없이 최종 의사결정에 참여하는 사람의 수는 10명 선을 크게 넘지 않는다. 즉 전체 조직 규모가 100명이건 1만 명이건 최종적 의사결정에 참여하는 사람의 수는 현실적 제약 때문에 일정한 수준에서 제한되어 있다.

이러한 의사결정기구는 회사규모에 따라 경영위원회 · 구조조정위원회 · 집행위원회 · 핵심간부회의 등으로 불리지만 최고 의사결정기구인 것은 동일하다. 만약 이 기구가 경영자의 감정과 신변에만 신경을 쓰는 무능한 측근들로 채워져 있을 경우 회사는 망가질 수밖에 없다.

팀장급 간부라면 자신이 경영진의 분신이라는 개념을 가져야 한다. 큰 회사라면 팀장급이 CEO를 만나서 의견을 나눌 일은 별로 없겠지만, 팀장이 CEO의 철학과 관점을 이해하고 이를 자신의 팀에 전파하는 것은 기본적 임무다.

52

상사의 입장에서 사물을 보고 사건을 대하라

팀장은 실무책임자이지만, 실무에 매몰되어서는 한계가 있다.
상사인 임원의 시각에서 사물을 전략적으로 보는 시각이 필요하다.

샐러리맨들의 단골 술안주는 아무래도 직장상사다. 특히 사회 초년병일 때는 회사생활에 대한 기대가 큰 만큼 불만도 많아 상사에 대해서는 할 말이 많은 시기다.

세월이 흘러도 상사에 대한 품평은 항상 넘쳐나는 것이 직장생활이지만 어느덧 자기 자신이 좋은 의미에서든 나쁜 의미에서든 후배들의 술안주가 되어 있다는 것을 느낄 때가 온다. 이즈음이면 직장에서 팀장 정도의 직급을 가진 중견이 되어 있을 것이다.

사회생활의 연륜이 쌓여가고 경험의 폭이 넓어지면서 생기는 바람직한 변화 중 하나는 역지사지易地思之, 즉 상대방과 입장을 바꿔 생각해볼 줄 안다는 것이다. 초급직원일 때는 역지사지를 할 수가 없다. 상대방의 입장을 이해하고 생각할 수 있는 경험이 부족하기 때문에 몇 가지 논리만 가지고 상대방을 재단하고 품평하기 일쑤다.

그러나 경험이 쌓이면 상대방의 입장을 이해할 수 있게 된다. 역지사지에도 내공이 필요한데, 팀장이라면 역지사지를 할 수 있는 경험과 내공을 쌓은 단계다. 조직의 말단을 거쳤기에 팀원들의 입장을 이해하고, 리더로서 남들 앞에 서 있는 사람의 어려움도 이해한다. 이제는 상사의 입장을 이해하는 차원을 넘어 상사의 입장에서 사물을 보는 법을 배울 때다.

같은 사물이라도 보는 사람에 따라 관점은 다르다. 특히 조직에서는 직급에 따라 역할이 달라지고, 이에 따라 사물을 보는 관점도 달라진다.

팀장은 실무책임자이지만, 실무에만 매몰되어서는 한계가

있다. 상사인 임원의 시각에서 사물을 전략적으로 보는 통찰력이 필요하다. 임원 역시 항상 새로운 아이디어에 목말라 하고, 자신의 생각을 함께 상의할 참모진이 필요하기에, 팀장 중에서 이런 사람이 있다면 큰 힘이 된다.

팀장으로서는 직속상사가 잘되는 것이 내가 잘되는 것이고, 또한 상사가 성공하는 것에 도움을 주는 것은 조직생활의 큰 자산이 된다. 그리고 이런 과정에서 팀장은 자연스럽게 임원의 시각에서 사물을 보는 법을 배울 수 있다.

만약 팀장이 상사가 시키는 일이나 열심히 하는 실무적 역할에 국한되어 있다면, 충실한 부하는 될 수 있으되, 문제를 같이 고민하고 해결해나가는 파트너는 될 수 없다. 다시 말해 상사의 의사결정에 참여하지 못하고, 결정된 사항의 실행자로만 역할이 제한된다.

팀장의 기본임무가 실행자이기는 하지만, 의사결정에 참여하는 실행자와 그렇지 않은 실행자는 경험의 폭이나 조직 내 역량 면에서 확실히 다를 수밖에 없다.

팀장이 되었다면 상사의 입장을 이해하는 수준이 아니라, 상사의 시각에서 고민하는 방법을 배워라. 그래야 상사와 함께 문제를 이해하고 해결해나가면서 의사결정과정에 참여할 수 있다.

53
한 단계 높은 직급의 업무를 이해하라

초급 직원이라면 자신에게 주어지는 업무만 충실히 해도 합격점이다.
그러나 팀장이라면 주어진 임무만 충실히 하는 것으로는 부족하다.

고등학교 졸업의 학력으로 호텔 웨이터에서 시작해 특급호텔인 리베라호텔의 최고경영자가 된 박길수 사장은 호텔업에 투신한 초창기에 일이 적성에 맞다는 걸 느끼고 업계에서 최고가 되겠다고 다짐하며 다음과 같은 관점을 가졌다고 한다.

"늘 저보다 한 단계 위에 있는 직책의 상사가 어떤 일을 하는지 살피고 공부했습니다. 웨이터 시절에는 캡틴을, 캡틴이 되어서는 지배인 일을 눈여겨봤지요."

나는 이 대목에서 학력의 벽을 넘어서 최고경영자로 성공할 수 있었던 기본적 관점의 힘이 느껴졌다. 하위직인 웨이터로 시작했지만, 항상 자신의 직속상사가 하는 일과 그들의 입장을 살피고 행동해온 것이 성공의 사다리를 타고 올라갈 수 있었던 동인이었다고 생각한다.

한 단계 높은 직급의 상사가 하는 일을 이해하는 것은 현재 업무를 폭넓게 수행할 수 있는 시각과 미래에 자신이 맡을 직급에서 필요한 역량을 준비하는 2가지 의미를 가진다.

초급 직원이라면 자신에게 주어진 업무만 충실히 해도 합격점이다. 그러나 팀장 정도의 중견으로 하나의 조직과 기능을 책임지고 있다면, 주어진 임무에만 충실한 것으로는 부족하다.

팀장이 자신의 업무에만 매달려 있다면 스스로를 협소한 실행자operator로 제한하는 것이다. 그러나 상사의 시각을 가지고 흐름을 이해하고 있다면 상사에게는 좋은 조언자가 되고, 팀장 자신의 업무를 폭 넓게 수행할 수 있는 관리자manager 역할을 하는 것이다.

팀장의 내부 고객은 상사와 부하이고, 특히 상사는 팀장의 성과를 평가하는 중요한 사람이다. 상사의 입장에서 문제점을 파악하고 상사가 미처 생각하지 못했던 부분에서도 아이디어를 가지고 합리적 대안을 제시할 수 있다면 상사의 조언자로서 큰 신뢰를 얻을 수 있다. 이렇게 되려면 상사의 업무와 고민을 이해하는 것이 필수다.

팀장이 맡은 업무만 충실히 하는 것만으로는 충분하지 않다. 이제는 임원이 가진 시야로 전반적인 사물을 보고 대안을 도출할 수 있는 관점을 가지고 스스로를 훈련시켜라.

54
사내 권력다툼에서 스스로를 방어하라

직장 내 정치는 '좋다, 나쁘다'의 문제가 아니라 그렇게 생겨먹은 것이다.
직장 내 정치적 행동에 대한 지나친 거부감까지 가질 필요는 없다.

사람이나 집단 간의 역학관계를 이해하고 활용해 자신의 이익을 관철하는 것을 흔히 정치적 행동이라고 이야기한다. 회사는 돈 버는 곳이고, 실적이 무엇보다 우선되는 조직이지만, 역시 사람들이 모인 곳이기에 조직 내 역학관계는 분명히 존재한다.

조직 내에는 이러한 역학관계를 이용하는 사람들이 있게 마련이다. 또한 조직의 속성에 따라서 정치적 능력이 있는 사람들이 자신의 능력과 실적보다 훨씬 좋은 위치에 오르는 경우도 많다.

팀장이 되었다면 이제 이러한 조직 내 역학관계를 이해할 수 있어야 한다. 조직 내 역학관계를 활용해 한자리 차지하기 위해서가 아니라, 최소한 자신을 방어할 능력은 있어야 하기 때문이다.

자신의 능력과 실적이 충분히 뒷받침됨에도 불구하고, 정치적 행동에 능한 사람들에게 떠밀려 제대로 인정받지 못하는 것은 조직의 평가시스템에도 문제가 있지만, 중간간부급으로서 갖춰야 할 역량의 문제라는 측면에서도 생각해볼 점이다.

직장 내 정치는 '좋다, 나쁘다'의 문제가 아니라 그렇게 생겨먹은 것이다. 사람 간의 친분관계가 의사결정에 영향을 미치는 것은 당연하다. 시스템으로 이를 완전히 없앨 수 있다는 것도 환상이다.

직장 내 정치는 정도의 문제지, 유무의 문제는 아니다. 조직 내 정치는 인간이 가진 사악한 속성에 기인한 것이 아니라, 지능을 가진 집단으로 진화하면서 공동체의 생존능력을 높이기 위해서 발달된 본능에 가까운 것이다. 이는 침팬지들의 집단생활을 관찰한 연구결과들이 뒷받침하고 있다.

동물행동학자인 프란스 드 발은 네덜란드 아넴연구소의 야외사육장에서 비교적 자유롭게 집단생활을 하는 침팬지들을 6년 동안 관찰하고 사회구조를 분석한 내용을 『침팬지 폴리틱스』에 담았다.

그는 침팬지들의 집단 내에서 권력투쟁 · 지배전략 · 계급구조 · 동맹 · 배반 · 음모 · 거래 · 타협 · 화해 등이 인간과 동일하게 존재하며, 침팬지도 집단 내 정치를 한다는 사실을 밝혀냈다.

이는 정치의 기원은 인류의 역사보다 더 오래된 것이고, 침팬지와 인류의 공동조상 역시 정치를 했었음을 의미한다. "침팬지 사회에서는 무엇을 아느냐보다 누구를 아느냐가 더 중요하다."라는 말은 이 책의 저자가 남긴 명언이다.

역학관계를 활용하는 정치적 능력도 일정 부분 선천적인 것이다. 이런 능력이 발달한 사람들은 본능적으로 어떤 조직에 가든 정치적 행동으로 자신의 입지를 만들려고 한다.

잘되는 회사라면 이들의 입지는 크지 않겠지만 능력이나 성과보다 인맥과 안면이 중시되는 특성을 가진 조직이라면 정치적 행동은 충분한 보상을 가져온다.

이런 점에서 '나는 일만 열심히 하면 되지, 윗사람들 어떻게 돌아가는지는 관심 없다.'라는 태도를 신입직원이 가지는 것은 무방하지만, 팀장이 그런 태도를 가지는 것은 음료수 광고문구처럼 '2% 부족하다'고 생각한다.

중간간부라면 조직 내 기본적 역학관계를 이해하고, 근거 없는 정치적 공격에 자신을 방어할 수 있는 힘은 있어야 한다는 것이다.

조직 내 정치적 행동에 의존하는 것은 문제가 있지만, 정치적 행동에 대한 지나친 거부감까지 가질 필요는 없다. 조직생활에서 중견이 되었다는 것은 조직이 가진 역학관계의 속성을 이해하고 대응할 능력이 있어야 자신의 능력과 성과를 인정받을 수 있음을 안다는 것도 의미한다.

55
팀원들 앞에서 상사의 험담을 아예 삼가라

//

술자리에서라도 자신의 상사에 대한 험담을 늘어놓지 말라.
악의가 없더라도 충분히 오해받을 소지를 만들 수 있다.

팀원 시절에는 윗사람에게만 시달리면 그만이었지만, 팀장 직급에 올라서면 아랫사람들에게도 시달린다는 점에서 직장 생활의 어려움은 배가된다. 조직이란 올라갈수록 스트레스가 늘어나는 법이기에 팀장 자신이 상사에게 받는 스트레스도 비례해서 커진다.

팀장이 되었다고 세상이 바뀌는 것은 아니다. 책임과 권한에서 변동이 생겼을 뿐 조직생활 그 자체는 변함이 없다. 그러나 입장 변화에 따른 일정한 행동양식의 변화는 필요하다.

이러한 변화는 사소하고 작은 부분부터 일어나야 한다.

특히 팀원들 앞에서 공개적으로 상사에 대한 험담을 하는 것은 피해야 할 일이다. 이는 팀장 자신의 권위를 떨어뜨림은 물론 불필요한 조직갈등 속으로 뛰어드는 것이기 때문이다.

오늘 팀장이 되었다는 것은 어제와는 다른 입장이 된 것이다. 팀원시절 동료들끼리 팀장에 대한 험담을 하는 것과 팀장이 된 다음 상사에 대한 험담을 팀원들 앞에서 공개적으로 하는 것은 완전히 다른 차원의 문제다. 전자는 직장생활에서 흔히 양념으로 치부되는 사소한 일이지만, 후자는 조직질서와 관련된 일이기 때문이다.

사람들이 모인 조직이란 끊임없이 서로 탐색하고, 이런저런 이해관계 속에서 허점을 엿보는 사람들이 있기 마련이기에 더욱 조심해야 하는 측면이 있다. 비록 술자리에서라도 팀장이 자신의 상사에 대해 공개적인 험담을 일삼는다면, 악의가 없더라도 충분히 오해받을 소지를 만들 수 있다는 것을 알아야 한다.

상사에 대해 도저히 못 견딜 정도로 스트레스를 받아 술을 마시면서 험담이라도 해야 풀릴 것 같다면 험담을 해도 좋다. 단, 상대를 가릴 필요는 있다.

입사동기와 같은 비슷한 위치의 동료 중에 터놓고 말할 사람이 있으면 좋다. 혹은 팀원 중에 마음이 통하고 입이 무거워 신뢰할 수 있는 친구라면 저녁에 소주 한잔 같이 하면서 험담이라도 해서 맺힌 마음을 푸는 것도 좋다.

직장에서 존경할 수 있는 상사만 만나면 험담할 일도 없겠지만, 세상 일이 마음대로 되는 것도 아니기에 때로는 황당한 사람을 만날 수도 있다. 이럴 경우 자신의 입장을 이해하는 사람과 이야기를 하는 것도 커다란 위안이다. 남에 대해 험담하는 것이 바람직한 것은 아니지만, 험담을 해서 자신의 정신건강을 유지할 수 있다면 험담쯤이야 무엇이 대수겠는가.

그러나 이런 정도의 이야기를 할 수 있는 사람은 극히 제한시켜야 한다. 상사에게 스트레스를 받는다고 아무에게나 함부로 이야기해서는 안 된다.

특히 여러 사람들이 모인 저녁 술자리 같은 공개석상에서 상사에 대한 험담을 늘어놓는 것은 절대 금물이다. 이는 다른 사람이 자신에 대한 험담을 공개석상에 늘어놓아도 무방하다는 신호나 마찬가지이고, 팀장인 자신의 신뢰성만 떨어뜨릴 뿐이다.

상황을 제대로 알지 못하는 사람들은 팀장이 자신의 상사에 대한 험담을 할 때, 겉으로는 동조해줄지 몰라도, 속으로는 같이 일하기 힘든 사람일 것이라는 판단을 이미 내리고 있을 것이다.

상사에게 문제가 있으면 혼자 참든지, 가까운 사람들과 험담을 하든지, 당당하게 항의를 하든지 하라. 팀장이 팀원들 앞에서 투덜거리며 상사에 대해 공개적으로 험담하는 것은 곧 자신의 얼굴에 침을 뱉는 것이다.

56
저급한 인간을 상사랍시고 무조건 충성할 수는 없다

맞지 않는 상사를 만났을 때 직장생활의 어려움은 가중된다. 아무리 접점을 찾으려 노력해도 도저히 안 되면 참고 견뎌라.

조직생활이란 자신에게 맞지 않는 사람에게 맞추는 법을 배워나가는 것이다. 조직생활을 실제로 해보지 않은 사람들은 흔히 서로 이해하고 대화하면 문제를 풀어나갈 수 있다고 쉽게 말한다.

그러나 이는 현실을 잘 모르는 이론가들의 공상이다. 조직생활의 실체는 겪어보지 않으면 이해할 수 없기 때문이다.

조직에 속해 있으면 자신에게 맞는 사람과 안 맞는 사람을 발견하게 마련이다. 군대생활에서도 어떤 부대를 가나 자신에게 잘해주는 사람과 괴롭히는 사람들을 꼭 만나게 되어 있다. 단, 자신의 마음에 드는 사람만 만날 수는 없기에 맞지 않는 사람과도 적이 되지 않고 적절한 선에서 관계를 설정하는 정도가 실제로 현명한 처신이다.

직장생활에서도 자신에게 맞는 사람은 그리 많지 않을뿐더러, 맞는 사람들이 자신의 상사와 부하로 동시에 있는 경우는 오히려 드물다. 자신과 기질적으로 맞고 능력도 있는 사람들과 상사와 부하가 되어 같이 일을 한다는 것이 직장생활의 큰 복이지만, 이런 경우는 흔치 않다.

피를 나눈 가족 간에도 갈등이 있게 마련인데, 남남끼리 만나 일하는 직장에서 갈등이 없기를 기대한다는 것은 무리다. 결국 나름의 갈등 속에서 서로 맞춰가고, 이런 과정에서 신뢰를 쌓고 팀워크를 다져 나가는 것이 일반적인 직장생활이다.

자신과 맞지 않는 사람이 부하가 되었을 경우보다는 맞지 않는 상사를 만났을 때 직장생활의 어려움은 가중된다. 사실 이런 경우는 대책이 없다. 그러나 위계질서 속의 조직에서 아랫사람이 윗사람에게 맞추는 것이 원칙이기에, 상호 간의 접점을 찾아나가는 출발점은 팀장인 나에게 있다고 생각하는 것이 속 편할 것이다.

그리고 일정한 한계를 가지더라도 상사와 팀장인 자신이 서로 같이 일할 수 있는 최소한의 공간을 자신이 확보해야 한다. 이는 상당히 대하기 어려운 상사라고 할지라도 꼭 해야 하는 일이다. 다른 부서로 옮기는 것도 대안이지만, 옮길 때 옮기더라도 같이 일할 수 있는 공간을 확보해둬야 나중에라도 팀원들의 고생이 덜하다.

그러나 아무리 접점을 찾으려 노력해도 도저히 안 되는 상사도 있다. 세상 일이 공정하지 않기에 무능하고 고집 세면서 정치적이기까지 한 저급한 인간도 운만 좋으면 높은 자리에 있을 수도 있다. 이런 사람이 자신의 상사가 되어 괴롭히기 시작하면 일상이 괴롭다.

이럴 경우는 면종복배面從腹背, 즉 면전에서 복종하고 뒤돌아 서서 무시하면서 참고 견디는 것이 유일한 방법이다. 싸워

봐야 득 될 것도 없지만, 옹고집과는 싸울 가치도 없다. 이런 사람은 부하들의 충성심을 기대하기도 어렵지만, 충성할 필요도 없다.

이런 유형의 인간들이란 타인을 이용대상으로 생각할 뿐 사람끼리의 약속이나 신뢰는 마음속에 있지 않다. 그리고 자신을 도와준 사람도 입장이 바뀌면 완전히 잊어버리는 족속들이다.

이런 사람들을 만나서 시달리다 보면, 사표 내고 회사 때려치우고 싶은 생각이 하루에도 열두 번은 들기 시작할 것이다. 하지만 질기게 참고 견뎌야 한다. 저급한 인간들이 주는 스트레스 때문에 가치 있는 일터를 가볍게 여겨서는 안 된다.

인생을 살면서 어려운 시기는 누구에게나 찾아온다. 그리고 이 어려움은 시간이 가야 해결되는 경우도 많다. 직장생활의 가장 큰 어려움 중 하나는 저급한 인간을 상사로 만나는 것이다. 인간과 조직은 합리성을 지향할 뿐 완벽하게 합리적일 수는 없기에 생겨나는 문제다.

이럴 경우는 가급적 빨리 벗어나는 것이 상책이지만, 여의치 않다면 참고 견디는 지혜를 터득해야 한다. 그리고 이런 인간들을 위해 자신의 재능을 활용할 필요도 없다. 다시 말해 상사라고 모두 충성할 필요는 없는 것이다.

이 관점은 팀장인 자신에게도 타산지석이다. 팀원들에게 자신이 어떤 모습으로 비칠 것인지 계속 반문해보는 내면적 피드백이 필요하다. 팀원 대부분이 팀장인 자신을 저급한 인간으로 평가하고 있다면 이미 상급자로서의 생명력은 끝난 것이라고 보면 된다. 그래야 세상이 공평한 것 아닌가.

57
팀장의 역량은 고민의 폭과 깊이만큼 채워진다

팀장의 역량은 이론적 학습이 아니라 현실의 경험 속에서 키워진다.
나아가 팀장 경험이 훗날 조직에서 커가는 데 큰 도움이 될 것이다.

누구나 인정받는 팀장이 되고 싶어하지만 아무나 되는 것은 아니다. 팀장이 되기 위한 특별한 훈련이 따로 있는 것도 아니다. 중간간부를 대상으로 하는 교육프로그램을 통해 팀장이 갖추어야 할 지식과 덕목을 교육받을 수는 있겠지만, 팀장 능력의 핵심인 리더십과 인간관계를 배울 수는 없다. 단지 이런 과정에 참여해 여러 사례를 참고하면서 팀장이 리더로서 갖춰야 할 덕목에 대해 생각해보는 계기로 삼는 정도일 것이다.

팀장에게 필요한 업무지식은 학습으로 얻을 수 있다. 반면 필요한 리더십과 인간관계 관리기술은 팀장으로서 자신의 역할에 대해서 고민하는 폭만큼 습득된다. 인간성의 다양한 양상에 대한 이해를 바탕으로 여러 가지 상황에서 사람들을 이끌고 다루어나가는 역량은 학습이 아니라 체험으로 다져지는 것이기에 더욱 그렇다.

인간이란 워낙 복합적인 심성을 가지고 있기 때문에 다루기 어려운 존재다. 선의로 대한다고 해서 상대방도 선의로 대한다는 보장도 없다. 이렇듯 복합적인 인간성과 조직 속에서 나타내는 여러 가지 행태들에 대해서는 실제로 경험해보고 고민하면서 이해의 폭을 넓혀나가고 자신의 시각을 정립하는 수밖에 없다.

단, 진지하게 고민하되 항상 낙관적 시각이 바탕이 되어야 하고, 절대로 남 탓을 해서는 안 된다는 점은 말하고 싶다. 원론적인 이야기지만 모든 것은 내 탓이라는 관점에서 출발해야 인간관계의 길이 보인다. 매사를 남 탓으로 돌리기 시작하면, 자신에 대한 위안은 되겠지만 인간관계의 교훈을 얻기는 어렵다.

팀장으로서 인간에 대해 생각해보고, 자신의 리더십에 고민해볼 수 있는 기회를 가진다면, 이는 조직생활을 계속하든 조직을 떠나든 상관없이 앞으로 평생을 살아가는 데 값진 경험이 될 것이다.

성인이 되어서도 학생시절처럼 인간에 대한 막연한 기대감을 가지고 있는 것은 인생의 커다란 위험요소를 안고 사는 것이다. 그렇다고 인간에 대한 불신과 적대감으로 가득 차 살아가는 것도 삶의 폭을 엄청나게 줄이는 길이다.

물리적인 나이와 상관없이 진정한 성인이 된다는 것은 사람을 제대로 이해하는 데서 출발한다. 믿을 사람 믿고, 못 믿을 사람 멀리하면서 살아가는 법을 체득해야 한다.

그리고 이러한 힘은 이론적 학습이 아니라 현실의 경험과 고민 속에서 배워진다. 마찬가지로 팀장으로서의 역량도 고민의 폭과 깊이만큼 채워지는 것이다.

58
균형감각에 기초한 의사결정력이 있어야 한다

상급자들은 합리적인 판단능력을 가지고 있는 팀장을 필요로 한다. 상급자들은 의사결정을 팀장의 판단력으로 보완하길 원하기 때문이다.

시장이라는 환경에서 생존공간을 찾는 유기체인 기업은 끊임없이 크고 작은 의사결정을 해야 한다. 그리고 이 의사결정의 중요성에 따라서 의사결정자의 계층구조가 만들어진다.

즉 사장은 사장대로, 임원은 임원대로, 팀장은 팀장대로 의사결정의 범위가 있다. 이런 점에서 회사조직이란 의사결정권자의 위계구조와 이를 지원하는 참모조직으로 이해할 수도 있다.

팀장과 팀원의 가장 큰 차이는 의사결정 권한의 유무다. 팀원은 근본적으로 스탭, 즉 참모다. 주어진 업무를 처리하고 의견을 제시할 수 있을 뿐 이에 대한 의사결정권은 없다. 반면 팀장은 크든 작든 자신의 권한범위 내에서는 의사결정권을 가진다. 이는 팀장이 기업의 의사결정구조에 편입되어 있음을 의미한다. 팀장이 회사 내 공식적 의사결정의 출발점인 것이다.

팀장 권한범위 내의 작은 사안은 팀장의 의사결정으로 끝난다. 그러나 중요한 사안들은 팀장의 검토를 출발점으로 상위의 의사결정권자에게 전달된다.

1차적 판단이 팀장에게서 시작되기 때문에, 팀장의 판단능력이 떨어지면 다음 단계의 의사결정도 왜곡되기 쉽다. 실제로 의사결정체계에서 현장에 가장 가까이 있고 생생한 정보를 접하는 사람은 팀장이다. 팀장은 책임범위가 넓지 않기에 사안의 상세한 부분도 파악할 수 있다.

반면 임원급 이상은 책임범위가 넓고 현장과는 상대적으로 떨어져 있기에, 팀장급인 실무진의 판단력에 의존해 자신이 의사결정을 한다. 이런 점에서 상급자들은 합리적인 판단능력을 가지고 있는 팀장이 필요하게 하게 마련이다. 팀장의 판단력으로 의사결정을 보완하길 원하기 때문이다.

이때 중요한 것은 팀장의 균형감각이다. 팀장이 균형감각을 갖추고 있어야 상급자들도 팀장의 판단에 대해 안정감을 가지고 자신이 의사결정에 참고할 수 있다. 어떤 팀장이 아는 것은 많아도 편견이 심하고 균형감각이 떨어진다면, 이 사람은 정보수집가로서의 가치는 인정받을 수 있어도 의사결정자로서 판단력을 인정받기는 어렵다.

팀장은 회사 내 의사결정구조에 편입되어 있기에 분명히 스탭과 구분된다. 그리고 팀장의 판단력은 균형감각에 기초해야 한다.

59
조직 내 신뢰와 리더십의 순환구조를 이해하라

팀장의 리더십은 조직 내 중층적 리더십의 계층구조 속에 존재한다.
경영진과 임원의 리더십을 보완하고 확산시키는 것이 중요한 역할이다.

대형 백화점에 가보면 문화센터는 꼭대기층에 있고, 지하에는 식품매장이 있는 경우가 많다. 이 배치는 우연이 아니라 고객들의 동선을 분석해 매출을 높이기 위해 고안한 것으로, 일명 '폭포수효과'와 '분수효과'를 염두에 둔 것이다.

백화점의 문화센터가 꼭대기층에 있으면, 문화센터 고객들은 백화점에 온 김에 아래로 내려오면서 매장을 방문하고 상품을 구매할 가능성이 높아진다. 고객이 위에서 아래로 흘러내리게 하는 이런 효과를 폭포수효과라고 하는 것이다.

분수효과는 지하에 있는 식품매장을 방문한 고객이 위층으로 올라가면서 쇼핑하도록 유도하는 것이다. 백화점 매장은 일단 고객을 끌어들여서 꼭대기층 문화센터로부터 아래로 흘러내리게, 지하 식품매장으로부터 위로 솟구치게 하는 순환구조 속에서 개별 매장의 판매력이 결부되어 활성화 된다는 관점이다.

조직 내 리더십과 신뢰도 백화점의 폭포수효과와 분수효과처럼 순환되는 구조다. 리더십은 최고경영자에서 출발해 여러 계층을 거치면서 위에서 아래로 흘러내려오고, 이에 상응해 신뢰는 아래에서 출발해 위로 올라간다.

이러한 순환과정이 순조로울 때 조직 내 리더십과 신뢰는 확대재생산되고, 순조롭지 못하면 리더십과 신뢰는 축소재생산된다. 리더십과 신뢰는 눈에 보이지는 않지만 기업의 성과를 결정짓는 중요한 요소다. 실제로 조직을 움직이는 중요한 무형자산이기에 순환구조의 확립은 조직에 필수적이다.

리더십과 신뢰를 하나의 관점에서 본다면 조직 내 리더십과 신뢰의 순환은 거칠 것 없이 쏟아지고, 솟구치는 폭포 · 분수와 달리 중층적인 구조를 가진다. 경영진의 리더십은 사내 방송 · 사보와 같은 의사소통채널을 통해서 조직의 말단으로 전달되는 경로도 있지만, 실질적으로는 임원이나 중간간부를 매개체로 해서 전달되고, 이 과정에서 각 단계별 리더십도 확보된다.

즉 경영진의 리더십이 모든 계층을 포괄할 수 없기에 임원 · 팀장의 리더십이 그 공백을 메워주면서, 나름대로의 계층별 리더십을 확보하고 이것이 경영진을 보완한다는 뜻이다.

경영진의 리더십이 아무리 탁월하다고 해도, 이를 뒷받침할 중간간부계층이 허약해 직원들로부터 리더십을 확보하고 있지 못하다면 전체 조직이 효율적으로 움직일 수 없다.

팀장의 리더십은 독립적이 아니라, 조직 내 중층적 리더십의 계층구조 속에 존재하는 것임을 이해해야 한다. 즉 팀장의 리더십은 상사인 경영진과 임원의 리더십을 보완하고 확산시키는 데 있다.

팀원들 사이에서 확보된 팀장 리더십이 팀장의 상사인 임원의 리더십을 보완하지 못하면 그 의미는 퇴색된다. 마찬가지로 임원의 리더십이 최고경영자의 리더십을 보완하지 못하면 오히려 조직 내 갈등의 원인으로 작용할 수도 있다.

조직 속에는 다양한 계층과 형태의 리더십이 최고경영자로부터 내려오는 중층적 구조를 형성하고 서로 보완하는 구조가 확립되지 않으면 제대로 굴러가는 조직이 될 수 없다. 팀장이라면 자신이 확립하는 리더십이 그 자체로 가지는 의미 외에 조직 내 중층적 리더십 속에 위치하고 상호보완하는 관계에 있음을 알아야 한다.

60

평판이 뒷받침되지 않는 인맥은 무의미하다

팀장이 인맥을 구축하는 데 있어 중요한 것은 양과 질의 균형이다.
중요한 사람과 신뢰관계를 구축하면서 넓혀나가는 것이 효과적이다.

요즘은 네트워크시대라고 한다. 정보통신과 네트워크 기술이 발달했다는 의미도 있지만, 사회생활에서 인적 네트워크의 중요성이 부각되는 현상을 지칭하기도 한다. 21세기에는 정보망 지수인 인맥지수NQ가 지능지수IQ보다 중요한 성공요인이라고 한다.

실제로 잘 구축된 인적 네트워크는 개인의 성장과 발전을 이루는 데 중요한 자산이고, 많은 사람들이 다양한 인맥을 만들기 위해 노력한다.

인맥은 과거에도 중요했지만 이제는 일반 직장인조차 인맥 구축에 관심을 가진다. 이러한 현상은 산업의 변화가 빨라지고, 산업 간 융합이 진행되면서 나타나는 자연스러운 측면이 있다.

사회가 복잡해지면서 주어진 업무를 처리하는 것에도 다양한 분야의 사람들이 필요해지고, 혹시 조직을 떠날 경우라도 생기면 미리 구축해 놓은 인맥은 더욱 중요해진다. 이러한 인맥의 중요성은 직급이 올라가는 것과 비례해서 커진다.

팀장 정도의 중간간부급이 되면 대내외적인 인맥구축에 본격적인 관심을 가지기 시작하는 단계라 할 수 있다. 전에는 관심 없었던 모임에도 나가기 시작하고, 외부 교육과정에도 참여하며, 다양한 사람들과 스포츠를 함께하면서 폭넓은 교류를 시작한다.

이러한 행동은 자신의 영역을 넓히고 다채로운 아이디어를 접한다는 점에서 의미가 있지만, 명심해야 할 것은 인맥이란 사람만 많이 아는 것이 아니라는 점이다.

좋은 평판이 뒷받침 되지 않는 인맥이란, 유흥업소 종업원의 고객리스트처럼 방대하기만 할 뿐 실질적인 무게를 가지기 어렵다. 인맥은 양적으로 아는 사람의 숫자이고, 질적으로는 사람들과의 관계에서 쌓인 신뢰와 평판이다.

인맥을 쌓으려면 이러한 양적 요소와 질적 요소를 잘 이해하고 균형 있게 유지하는 것이 필요하다. 양적으로 충분한 데다 질적으로 뒷받침되는 인맥이 가장 강력하지만, 이런 인맥을 구축하는 것은 시간과 노력도 많이 필요하고 쉽지도 않다.

흔히 마당발이라는 사람도 2가지 유형이 있다. 여기저기 아는 사람만 많은 마당발이 있고, 아는 사람들과 기본적 신뢰 관계를 구축한 마당발이 있다.

사람 많이 알고 있다고 떠벌리는 사람들은 대개 아는 사람만 많은 가벼운 마당발이다. 이런 유형은 시끄럽기만 할 뿐 실속도 없고, 잘 안다고 하는 사람에게 직접 물어보면 마당발의 이름이나 기억하면 다행인 경우가 많다. 이런 사람이 구축했다는 인맥은 저인망식 명함 뿌리기에 불과한 것이다.

인맥을 구축하는 데 있어 중요한 것은 양과 질의 균형이다. 무작정 아는 사람을 많이 만들려 하기보다는, 중요한 사람과 신뢰관계를 구축하면서 넓혀나가는 것이 효과적이다. 새로운 사람을 만날 때 평판과 신뢰가 뒷받침된다면 쉽게 우호적인 사람으로 만들 수 있다. 평판과 신뢰도 인맥을 타고 이전되며 확대되는 것이다.

한 번 쌓은 좋은 평판은 계속 확대 재생산된다. 반면 나쁜 평판이 형성된 사람이라면, 좁디좁은 우리 사회 어디서도 우호적인 인맥을 구축하기는 어렵다.

현대 · 기아차 그룹이 발표한 직장인 윤리보감에 '지나친 마당발이 되려 하지 말라.'라는 항목이 있었다. 이는 마당발이 되기 위해 사람을 만나고 노력하는 것은 오히려 역효과를 가져올 수 있다는 뜻으로 해석된다.

인맥이란 네트워크에 흘러가야 하는 것은 평판과 신뢰다. 시간과 노력을 들여 넓은 인맥 네트워크를 깔아놓아도 평판과 신뢰가 그 파이프라인을 흐르지 못한다면 큰 의미가 없는 것이다. 만약 불신과 악평이 파이프라인을 타고 흐른다면 그 네트워크는 없느니만 못하다.

평판과 신뢰의 출발점은 팀장 자신의 주변에서 같이 생활하고 호흡하는 사람들이다. 다시 말해 팀장의 평판을 형성하는 가장 중요한 사람은 바로 팀원이다. 인맥형성에 있어서 중요한 내부고객은 지금 같이 일하는 사람들이라는 사실을 명심하라.

에필로그

잘되는 회사, 인정받는 팀장, 뛰어난 직원, 좋은 인간

중국 근대사에서 거상으로 칭송받는 호설암胡雪巖은 "큰 상인의 도는 곧 인간의 도리다."라는 말을 남겼다. 남을 속이지 않고 올바른 길을 걸으며, 규정과 원칙을 지키면서 돈을 버는 상인의 길은 좋은 인간의 도리와 마찬가지라는 의미다.

큰 진리는 오히려 단순하다. 좋은 회사의 길은 좋은 인간의 길과 같다. 거짓 없이 정도正道를 걸으면서 현실적 합리성을 추구한다는 점에서 좋은 조직과 좋은 인간은 다를 바 없다.

아무리 큰 조직도 출발점은 개별적 인간이다. 개인이 가진

다양한 자질과 품성이 조직에 반영되어 전체 조직의 수준을 결정하는 것이고, 여러 단계의 크고 작은 리더십도 이에 맞게 형성된다.

개별적 인간들이 비합리적이라면, 비합리적 조직문화가 형성되고, 비합리적 리더십이 조직을 이끌 확률이 높다. 그 반대일 경우도 마찬가지다.

조직전체와 개별 구성원의 질적 수준이 괴리될 수 없다는 것은 상식이다. 저급한 인간들이 우글거리는 조직에서 뛰어난 직원을 찾기는 어려울 것이고, 인정받는 팀장이 있을 수 없으며, 잘되는 회사가 되기는 더욱 어렵다.

저급한 인간이 모여 있고 저급한 조직문화가 지배하는 집단에서는 이에 맞는 저급한 지도자가 나올 수밖에 없다. 저급하고 무능한 리더십 아래서 조직은 미래를 준비하기보다는 과거에 집착하고, 성과보다는 실체 없는 슬로건이 부각된다.

한 번 '저급한 인간, 저급한 간부, 저급한 조직'이라는 악순환에 빠져들면 '성과에 따른 보상'이나 '능력에 따른 인사' 같은 기본적 원칙은 실종되고, 끊임없는 정치적 투쟁과 대안 없는 구호만 난무하게 마련이다. 이런 분위기로 흘러가버리면 합리성은 설 자리를 잃고, 목소리 큰 사람이 득세하면서 조직은 아주 어려운 지경으로 빠져들게 되는 것이 수순이다.

반면 좋은 인간들이 모인 조직이 우수한 리더십을 만나면 조직의 선순환구조가 만들어진다. 합리적 조직문화 속에서 자질 있는 사람들이 자신의 역량을 발휘하고 정당한 보상을 받는다면 '좋은 인간, 뛰어난 직원, 인정받는 팀장, 잘되는 회사'의 연속선이 정립되는 것이다

조직 내 개별 구성원과 조직 전체의 성과가 밀접한 관련이 있지만, 자동적으로 연계되어 있는 것은 아니라는 점에서 경영과 리더십은 출발한다. 탁월한 리더는 좋은 자질을 가진 사람을 알아보고 키워내면서, 성과에 따른 승진과 보상을 통해 조직 전체를 움직이게 하는 사람이다.

반면 형편없는 리더는 좋은 인재 풀이 있어도 제대로 활용하지 못하고, 무능한 사람들을 중용하는 바람에 역량 있는 사

람이 조직을 떠나게 하며, 결과적으로 조직 자체를 무너뜨리는 사람이다.

완전한 사람이 없듯이 완전한 조직 또한 없다. 그러나 불완전함을 개선하면서 완전함을 지향하는 조직과 불완전함 그 자체를 당연시하는 조직 간의 성과 차이는 크다.

개인의 역량 차이는 크지 않더라도, 이러한 개인이 어떠한 조직과 결합되느냐에 따라 조직 전체의 성과 차이가 크게 난다. 즉 잘되는 회사와 합리적 리더를 만난 개인과 그렇지 못한 개인은 잠재역량을 계발해서 성과로 연결시키는 데 있어서 큰 차이가 있다는 의미다.

이런 점에서 '조직 내 중층적인 리더십을 어떻게 구성하느냐' 하는 것은 조직의 현재성과는 물론 미래의 생존을 결정짓는 중요한 문제다. 팀장이란 이런 리더십의 실질적 출발점이라는 데 그 의미가 있다.

잘되는 회사는 그에 걸맞는 조직문화와 동기를 가지고 있다. 개인의 건전한 탐욕을 자연스러운 현상으로 인정하고, 자본주의 사회에서 개인의 잠재능력을 발휘할 수 있는 공간을 제공한다. 꾸준히 자기 길을 개척해나가고 쓸데없는 겉멋과는 거리가 멀다.

이러한 조직적 틀 속에서 좋은 인간은, 뛰어난 직원의 자질을 갖추고 인정받는 팀장으로 성장하면서 조직을 더욱 키워나가는 것이다. 그리고 이러한 조직과 조직원을 관통하는 것은 "올바른 길을 걷고 올바른 원칙을 지킨다."라는 관점이다.

좋은 인간들이 조직에서 인정받고, 이런 사람들이 모인 잘되는 회사가 많아진다는 것은, 우리사회가 경제적으로 풍요로워진다는 의미와 동시에 윤리적으로 건전한 게임의 법칙이 정립된다는 의미다.

나는 잘되는 회사가 많아진다는 것은 곧 올바른 길을 걷는 좋은 사람이 많아진다는 의미라고 생각한다.

김경준

『김경준의 어떻게 일해야 하는가 시리즈』 저자와의 인터뷰

Q. 『김경준의 어떻게 일해야 하는가 시리즈』에 대해 소개해주시고, 이 시리즈를 통해 독자들에게 전하고 싶은 메시지는 무엇인지 말씀해주세요.

A. 10여 년간의 직장생활을 통해 시장경제에서 기업의 본질, 사회생활의 의미 등에 대해 저의 생각을 정리한 책입니다. 2003년 첫 출간 후, 일부 내용을 수정·보완해 2015년 개정판을 재출간하게 되었습니다.

그때나 지금이나 저의 기본 관점은 여전히 변함이 없습니다. 고객을 위한 가치 창출과 교환이 근간인 시장경제에서, 조직이 형성되고 합리적 리더십이 확립되며 구성원들의 팔로워십이 갖추어져 지속적으로 기업이 발전할 수 있도록 하는 근본적 요소는 개방적 문화, 건전한 경쟁, 합리적 보상입니다.

현실을 직시하고 합리적 대안을 모색하는 조직이 성공하기 마련입니다. 특히 리더십이나 자기계발 영역에서 소통이나 힐링, 치유와 같은 단어를 내세우며 막연하게 자기위안을 반복하면서 현실을 호도하는 경우가 많은 상황에서, 저의 경험에 근거해 솔직한 이야기를 전달하고자 합니다.

Q. 세상에 쉬운 일이 없듯이 회사를 제대로 경영하는 것 또한 쉽지 않은 일입니다. 잘되는 회사를 경영하는 사장들은 어떤 특징을 가지고 있나요?

A. 공통적인 특징으로는 비전, 리더십, 신뢰, 소통능력, 책임감, 전문성 등의 덕목을 꼽을 수 있지만, 저는 호기심과 열정, 긴장감의 유지를 강조하고 싶습니다. 현실에 안주하지 않고 새로운 영역으로 계속 확장해 나가려는 호기심과 열정이 조직에 에너지를 불러일으키고, 또한 과거의 성공에

도취하지 않고 지속적으로 건전한 긴장감을 불러일으키는 능력이 내면적인 기초체력을 확충시킨다고 봅니다.

Q. 잘되는 회사의 사장은 지갑을 열 때 그에 합당한 이유를 찾는다고 하셨습니다. 신규사업을 할 때 사장이라면 가장 중요하게 여겨야 하는 점은 무엇인가요?

A. 신규사업은 유행에 휩쓸리는 성급함을 가장 경계해야 합니다. 특히 호황기에 예외 없이 반복되는 신규사업 진출의 붐에서 낭패를 보는 경우가 많습니다. 1990년대 후반 IT 산업, 2000년대의 벤처붐과 녹색산업 열풍이 그러한 사례입니다.

또한 관련지식과 인내가 중요합니다. 조직 내부적으로 해당산업의 기본요소를 충분히 이해할 수 있어야 합니다. 다음은 인내입니다. 벼도 씨를 뿌리고 여름이 지나야 결실을 맺듯이 신규사업도 일정한 시간이 필요합니다.

마지막으로는 '아니다.'라는 확신이 들면 과감히 접는 과단성이 필요합니다. 소위 경로 의존성, 한 번 발을 들여놓으면 매몰비용 때문에 계속해서 손실을 키우는 경우가 많기 때문입니다.

Q. 잘되는 회사의 사장은 우왕좌왕하지 않고 본질적인 변화를 장기간 꾸준하게 추구한다고 하셨습니다. 본질적 변화의 의미에 대해 자세히 알려주세요.

A. 요즘은 기업경영의 정보가 넘쳐나고 유행도 급변합니다. 본질적 변화란 일시적 유행에 휩쓸리지 않고 기업의 본원적 경쟁력을 확보하는 것입니다.

KBS 〈개그콘서트〉는 수많은 유행어를 만들어내면서 이제는 단순한 예능프로그램의 차원을 넘어 변화와 혁신의 아이콘으로 부각되었습니다. 무려 15년간 성공을 이어올 수 있었던 비결은 경쟁-협업-기획의 공정하고 치열한 시장경제, 구성원들의 팀워크, 긴 안목의 기획력이라는 3박자가 맞아 돌아가기 때문입니다. 지속가능한 경쟁력이 확보되었기에 인기 개그맨이 빠져나가도 계속 새로운 유행을 만들어내면서 그 인기를 유지하고 있습니다. 기업경영도 이와 마찬가지입니다.

Q. 중견간부인 팀장이 되면 팀장이 되기 전과는 전혀 다른 차원의 일을 해야 한다고 하셨습니다. 조직에서 원하는 팀장의 일이란 어떤 것인가요?

A. 사원시절에는 직장생활에 대한 회의, 다른 업종에 대한 부러움, 자신이 선택하지 않은 길에 대한 동경이 용납됩니다. 그러나 중견간부인 팀장이 됐다는 것은 리더십의 대상자에서 리더십의 주체자로서의 역할이 시작됨을 의미합니다. 팀장이라면, 세상을 인식하고 조직과 인간을 이해하는 수준을 한 단계 높여서 바라보는 시점을 가져야 합니다.

팀장이 가장 명심해야 할 점은 '목표 지향적' 조직운영입니다. '야신(야구의 신)'이라는 별명으로 불리는 김성근 감독은 다음과 같이 말합니다.

"일을 하면 반드시 결과가 나와야 한다. 승부는 이기기 위해서 하는 거다. 지려고 하는 게 아니다. 지면 그 손해는 선수에게 간다. 조직에 플러스 되면 나에게 마이너스가 되더라도 나는 그렇게 한다."

Q. 팀장은 상인적 지식으로 무장한 혁신가여야 한다고 하셨습니다. 팀장이 갖춰야 할 상인적 지식이란 개념은 어떤 의미인가요?

A. '북 스마트book smart' '스트리트 스마트street smart'라는 단어가 있습니다. 책을 통해 풍부한 지식과 화려한 언변을 갖추었으나, 정작 현실대처 능력이 부족한 사람을 북 스마트라고 합니다. 반면 스트리트 스마트는 현장에서 쌓은 풍부한 경험을 바탕으로 현실의 문제점을 해결하고 어려운 상황을 헤쳐 나가는 능력이 있는 사람을 말합니다. 상인적 지식이란 바로 스트리트 스마트를 이야기하는 것입니다. 특히 기업경영의 현장에서 북 스마트는 분명한 한계를 가집니다. 물론 지식이 무의미하다는 것은 아니지만, 핵심은 경험에 기반한 스트리트 스마트에 있다는 것입니다.

Q. 팀장이라면 팀원의 의견에 귀를 기울이는 것과 '민주'라는 단어를 분명히 구분해야 한다고 하셨습니다. 이 둘 사이에는 어떤 차이가 있나요?

A. '민주民主'라는 단어는 막연하고 실체도 없는 구호에 생명력을 부여하는 힘이 있습니다. 이 단어는 모호한 뜻만큼

다양하게 해석되지만, 정치적 의사결정에 국한해서 생각하면 '1인 1표에 의한 다수결에 따라 확보하는 정당성' 정도로 해석할 수 있습니다.

그러나 기업은 완전히 다른 영역입니다. '민주적 정당성'보다는 '합리적 분업구조'가 조직구성의 원칙이기 때문입니다. 즉 기업은 합의제로 운영될 수 없는 존재입니다.

소위 '민주적'으로 운영되는 팀이란 존재할 수 없으며, 원칙에 따라 합리적으로 운영되는 팀이 있을 뿐입니다. 물론 함량미달의 팀장과 탁월한 리더십의 팀장이 내리는 지시가 같을 수는 없겠지만, 이런 상황과 조직운영의 원칙은 별개의 문제입니다.

Q. 회사생활은 자기 인생의 CEO가 되는 훈련과정이라고 하셨습니다. 자기 인생의 CEO가 된다는 것은 어떤 의미인가요?

A. 자기 인생의 많은 부분을 자기 자신이 결정할 수 있는 사람을 뜻합니다. 회사생활은 시장경제에서 기업의 본질, 복잡한 조직의 역학관계, 사람들 간에 발생하는 갈등 등 인

간이 살아가는 현실에 대한 본질적 통찰력을 제공합니다. 이런 점에서 회사생활을 통해 자신의 길을 찾고 개척할 수 있는 경험을 축적하고 역량을 키워나가는 것이 중요합니다.

물론 조직에서의 성패가 100% 개인의 역량으로만 좌우되지는 않습니다. 자신의 역량만으로는 설명할 수 없는 변수가 있기 때문입니다. 그러나 자신의 역량에 기초한 성취만큼 한 인간의 삶을 자부심으로 가득 채우는 것은 없습니다. 결국 '자신을 발견하고 자신을 키워나가며 자기 인생의 주도자가 되기 위해 노력'하는 과정이 회사생활인 것입니다.

Q. 회사생활을 밥벌이로만 생각한다면 미래는 없다고 강조하셨습니다. 회사생활을 통해 우리가 잊지 말아야 하는 것은 무엇인가요?

A. 밥벌이는 누구에게나 지겹고 힘겹지만, 사람들은 밥을 버는 경험을 통해 변화하고 발전할 수 있습니다. 밥벌이에서 얻은 경험, 지혜, 안목, 사람을 통해서 더 넓은 세상을 접

하고, 그 속에서 자신의 가능성을 찾고 키워나갑니다.

저는 자기 손으로 밥벌이하는 것을 큰 행복이라고 생각합니다. 그리고 밥벌이를 하는 것에 자부심을 가지라고 말하고 싶습니다. 많든 적든 자신이 벌어서 처자식을 먹이고, 가족이라는 울타리를 유지하는 것은 이른바 '밥벌이의 즐거움'입니다.

Q. 직장인으로서 학벌 등의 스펙이 좋지 않다면 PSD 정신으로 더욱 무장하라고 당부하셨습니다. PSD 정신에 대해 자세히 알려주세요.

A. 미국 뉴욕의 금융거리인 월가의 대형 투자은행인 베어스턴스라는 회사가 있었습니다. 1923년 창사 후 흑자행진을 계속했고 독특한 신입직원 선발기준이 있는 것으로 유명했습니다. 월가의 투자은행들은 보통 아이비리그 명문대학의 MBA 출신을 선발합니다. 반면에 베어스턴스는 PSD란 독특한 기준이 있었습니다. PSD란 가난하고Poor, 똑똑하고Smart, 부자가 되고자 하는 강한 욕망Deep desire to become rich을 가진 사람을 뜻합니다. 『회장님의 메모』라

는 책의 저자로 유명한 이 회사의 앨런 그린버그 회장도 PSD에 해당되었습니다. 2008년 글로벌 금융위기 사태로 2008년 JP모건에 피인수되었지만, PSD가 성장시켰던 역사는 교훈으로 남아있습니다.

스마트폰에서 이 QR코드를 읽으시면
저자 인터뷰 동영상을 보실 수 있습니다.

* 원앤원북스 홈페이지(www.1n1books.com)에서 상단의 '미디어북스'를 클릭하시면 이 책에 대한 더욱 심층적인 내용을 담은 '저자 동영상'과 '원앤원스터디'를 무료로 보실 수 있습니다.
* 이 인터뷰 동영상 대본 내용을 다운로드하고 싶으시다면 원앤원북스 홈페이지에 회원으로 가입하시면 됩니다. 홈페이지 상단의 '자료실-저자 동영상 대본'을 클릭하셔서 다운로드하시면 됩니다.

36년간의 실전 경험을 담은 살아있는 성공지침서

길을 찾아라. 아니면 만들어라

현병택 지음 | 값 14,000원

이 책은 36년간의 열정을 담은 업무노트이자 그간의 삶에 대한 진솔한 기록이다. 저자가 은행원에서 출발해 부행장을 거쳐 경제방송 방송사 대표에 이르기까지, 다양한 분야에서 만난 사람들과의 영업 이야기와 마케팅 노하우, 정곡을 찌르는 영업 비책까지 어느 책에서도 보기 힘든 이야기들을 보여준다. 이 책을 통해 비즈니스맨으로서 그간 지나온 길을 되돌아보며 앞으로 나아가야 할 바를 분명하게 정립할 수 있을 것이다.

매력적인 한 줄을 발견하기 위한 45가지 방법

마음을 움직이는 한 줄의 카피 쓰기

박상훈 지음 | 값 15,000원

많은 사람들이 누군가를, 어떤 조직을 설득하기 위한 최종병기를 찾고 있다. 이 책은 이러한 높은 관심에 부응해 매력적인 한 줄 쓰기 방법을 다룬다. 광고카피 초창기 시절부터 유명한 카피를 만들어냈던 저자의 실전 경험이 책 속에 잘 녹아들어 있다. 현 시대는 장황한 설명보다는 핵심을 꿰뚫고 정곡을 찌르는 한 줄의 카피가 필요하다. 톡톡 튀는 아이디어와 감각적인 사례를 통해 흥미롭게 접근하고 있다.

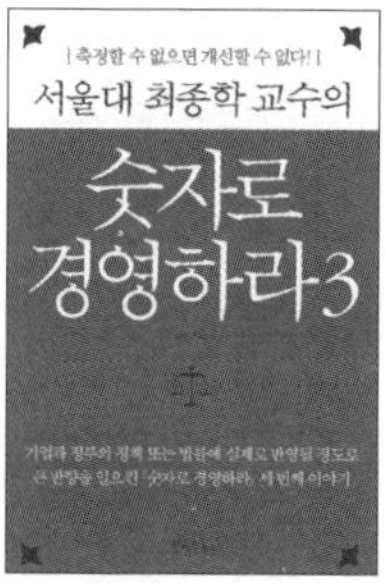

측정할 수 없으면 개선할 수 없다

서울대 최종학 교수의 숫자로 경영하라 3

최종학 지음 | 값 19,500원

서울대학교 교수이자 손꼽히는 대한민국 경영대가 최종학 교수의 세 번째 역작이다. 전작에서 전략적 이슈와 관련된 회계 전문 지식으로 큰 반향을 불러일으킨 후 2년 만에 내놓는 신작이다. 과학적 발견과 논리에 근거해 여러 기업 사례의 핵심을 파악하고 대안점을 제시했던 최종학 교수는, 이번 책에서 더 날카로운 시각과 시대적 흐름을 읽는 혜안으로 경영의 핵심을 파고든다.

아나운서 이서영의 매력 스피치!

예스를 이끌어내는 설득 대화법 52

이서영 지음 | 값 15,000원

스피치 커뮤니케이션 전문가이자 프리랜서 아나운서인 저자가 그동안 쌓아온 강력한 설득 대화법 노하우를 공개한다. 저자는 그동안 각종 스피치 현장에서 몸소 느끼고 뼈저리게 체험하며 진솔한 휴먼 커뮤니케이션 방법을 체득할 수 있었다. 저자는 이 책을 통해 얄팍한 대화술에서 벗어나 완전한 공감을 이루어 승승장구할 수 있는 비결을 알려준다.

평범한 당신도 탁월해질 수 있다!

평범한 그들은 어떻게 탁월해졌을까

이재영 지음 | 값 16,000원

이 책은 1등을 넘어서는 위대한 것, 바로 그것이 탁월함이라고 설파한다. 탁월함은 남을 이기는 것이 아니라 새로운 것을 만들어내는 것이다. 그러므로 평범한 사람도 탁월한 결과를 이루어낼 수 있다. 저자는 탁월한 결과를 얻기 위한 결정적 비밀 14가지를 제시한다. 이 한 권의 책을 통해 탁월함을 보는 새로운 시각을 가질 수 있고, 나아가 탁월함에 이르는 선명한 로드맵을 발견할 수 있을 것이다.

저성장 국면에 진입한 한국 경제, 그 해법을 밝힌다!

저성장시대, 승자와 패자

삼정KPMG 경제연구원 지음 | 값 15,000원

삼정KPMG 경제연구원은 회계 · 컨설팅 그룹 삼정KPMG의 전문성과 글로벌 지식을 바탕으로 우리 기업들의 글로벌 경영을 위한 차별화된 지식과 정보를 제공하고자 끊임없이 노력해왔다. 이 책은 글로벌 장기 저성장시대를 맞이한 우리 기업에게 승자의 전략을 제시한다. 세계경제와 한국 경제에 대해 심층적으로 분석한 내용을 토대로 기업의 생존과 번영을 위한 전략을 수립하고, 실행을 위한 통찰력 있는 시각을 제공한다.

이솝우화 속에 숨겨진 세상살이의 진리!

내 나이 마흔, 이솝우화에서 길을 찾다

강상구 지음 | 값 15,000원

어릴 적 한번쯤은 읽어 보았을 이솝우화가 마흔을 위한 자기계발서 『내 나이 마흔, 이솝우화에서 길을 찾다』로 재탄생했다. 『어려울수록 기본에 미쳐라』 등 다수의 베스트셀러를 펴내며 대한민국 직장인들의 멘토로 부상한 저자가 이솝우화를 통해 잊고 있었던 삶의 지혜를 재충전해 준다. 각각의 이솝우화마다 현대적인 해석과 실제적인 조언을 덧붙였다.

하나만 바꾸면 인생을 바꿔줄 간단한 10가지 방법

하나만 다르게 행동하라

빌 오한론 지음 | 김보미 옮김 | 값 15,000원

미국 심리학계의 거두 빌 오한론이 해결중심요법을 소개한다. 해결중심요법은 문제의 원인에 과도하게 집중하지 말고, 해결 방법에 주안점을 두는 치료법이다. 이 치료법은 개인이 겪는 문제의 원인보다는 그 사람이 지금 하고 있는 행동을 밝혀내는 데 집중한다. 그리고 문제를 없애거나 고치기 위해 내담자가 지금 행하는 행동을 바탕으로 도움이 될 만한 방법을 찾는다.

탁월한 리더는 멘토링하고, 평범한 리더는 관리한다!

뛰어난 리더는 어떻게 만들어지는가

현미숙 지음 | 값 16,000원

자신의 마음을 관리하는 능력, 일대일 대화에서 설득하는 능력, 팀이나 조직에서 한 방향을 정렬하는 능력 등 이 책에서 제시하는 여러 차원의 리더십 스킬들을 미리 연습하고 일 속에서 익혀야, 실제로 리더 역할을 하게 될 때 영향력 있는 리더가 될 수 있을 것이다. 이 책은 실제로 리더가 영향력을 발휘할 수 있도록 돕기 위한 최고의 안내서다.

이제 시작하는 20대를 위한 똑똑한 돈 관리법!

20대가 가장 알고 싶은 돈 관리법 75

김대중 지음 | 값 14,000원

이 책은 저금리와 노령화로 일찍부터 노후준비를 시작해야 하는 20대를 위한 책이다. 여타의 책처럼 20대에게 꿈과 야망을 가지라고 이야기하는 것이 아닌, 현실적인 문제인 돈에 대한 고민을 함께 나누는 책이다. 20대 때의 돈 관리를 어떻게 할 것인지, 이 책에 그 답이 있다!

공감 스피치로 청중의 마음을 움직여라!

성공을 부르는 스피치 코칭

임유정 지음 | 값 14,000원

남들 앞에서 스피치로 의사를 전달하는 것은 직장인이라면 누구나 고민하는 문제일 것이다. 저자는 스피치 능력은 타고나는 것이 아니기에 준비하고 노력하면 누구든지 스피치를 잘할 수 있다고 강조한다. 스피치는 타고난 사람보다 준비한 사람이 확실히 이긴다. 이 책을 통해 많은 사람들 앞에서 자유롭고 자신감 있게 스피치를 하자!

스마트폰에서 이 QR코드를 읽으면

'원앤원북스 도서목록'과 바로 연결됩니다.

독자 여러분의 소중한 원고를 기다립니다

★ 원앤원북스는 독자 여러분의 소중한 원고를 기다리고 있습니다. 집필을 끝냈거나 혹은 집필중인 원고가 있으신 분은 khg0109@hanmail.net으로 원고의 간단한 기획의도와 개요, 연락처 등과 함께 보내주시면 최대한 빨리 검토한 후에 연락드리겠습니다. 머뭇거리지 마시고 언제라도 원앤원북스의 문을 두드리시면 반갑게 맞이하겠습니다.